Internet

Al Día en una Hora

Internet

José María Vega Fernández

Rafael Pérez Muñoz

ANAYA MULTIMEDIA

Primera edición, mayo 1995
Primera reimpresión, diciembre 1995
Segunda reimpresión, febrero 1996
Tercera reimpresión, abril 1996
Cuarta reimpresión, julio 1996

Dirección de colección: Joaquín Mª Suárez y Julián Casas
Dibujos: Rafael Fatuarte y Ramón Garrido

Juan Ignacio Luca de Tena, 15. 28027 Madrid
Depósito legal: M. 27.636-1996
ISBN: 84-7614-735-X
Printed in Spain
Impreso en Gráficas Rógar, S. A.
Navalcarnero (Madrid)

Índice

Introducción

Internet y las autopistas de la Información son palabras que cada día despiertan mayor interés en el gran público.

El desarrollo de la tecnología informática y de las telecomunicaciones ha hecho posible esta realidad que está transformando de manera decisiva nuestra sociedad.

Algunos autores aventuran que nos encontramos en la frontera de otro nuevo salto cualitativo en la comunicación humana, la comunicación a través del ordenador y las redes.

Por otro lado la potencialidad económica de estos recursos es enorme. Nos encontramos, quizás, ante otro nuevo motor de la economía mundial. El cambio de la energía (petróleo - oro negro) por el de la información (bits - oro virtual) producirá a su vez cambios a corto-medio plazo en nuestra manera de vivir.

En este libro intentamos mostrarte de una manera sencilla y práctica lo que es en la actualidad Internet y lo que nos deparan las autopistas de la información. Te invitamos que te adentres en esta nueva realidad para que puedas "vivir" lo que aquí te comentamos.

Contenido de los capítulos

El libro está dividido en breves capítulos que tratan temas muy específicos. Además del contenido normal aparecen recuadros que te ayudarán a sacar el máximo rendimiento:

Sugerencia de Marty

En este recuadro te explicaremos los mejores trucos que puedes emplear.

Consejo de Doc

Sólo los más expertos conocen estas técnicas que pueden dejar boquiabiertos a tus compañeros y a ti mismo.

General (Nota, Aviso, Consejo...)

En estos recuadros, que aparecerán con distinto nombre, encontraras información útil sobre aspectos diversos.

Estás a punto de iniciar tu viaje por el asombroso mundo del ciberespacio. No te pongas nervioso y... ¡que empiece el espectáculo!

Preparando el viaje

Introducción

Prácticamente no pasa una semana sin que aparezca algún artículo periodístico o reportaje televisivo sobre Internet o las *superautopistas de la información*. En ellos se intenta vislumbrar cómo será el futuro de nuestra sociedad a unos años vista y la incidencia que estas nuevas tecnologías tendrán sobre nuestra vida cotidiana en un futuro próximo.

El término superautopista de la información estimula la imaginación del escritor y del lector y nos trae a la mente un mundo lleno de nuevos servicios, de nuevos trabajos, de nuevas posibilidades de ocio y, sobre todo, de una manera diferente de concebir el mundo en el que vivimos.

Las autopistas de la información traerán a nuestras casas

Nota

El término *superautopistas de la información* fue introducido por Al Gore, actual vicepresidente de los EEUU y uno de los más decididos impulsores de la propagación de Internet y todos los servicios a los que darán lugar las redes de altas prestaciones. La metáfora, aunque ampulosa, ha calado en los medios de comunicación y es un término prácticamente incorporado al lenguaje cotidiano.

el nuevo maná de la sociedad del mañana, la información, auténtico motor de una nueva revolución tecnológica, que cambiará de alguna forma nuestra manera de pensar y de vivir.

Todo esto es cierto, pero ¿qué es realmente Internet?, ¿qué posibilidades tiene hoy día?, ¿para qué puede servirme a mí?, ¿qué servicios me ofrece ahora?, ¿cómo puedo conectarme a ella?, ¿qué necesito para ello?, ¿quién paga todo esto?, ¿qué nos depararán en los años venideros estas nuevas tecnologías?, ¿nos harán realmente más libres y felices?

Todas estas preguntas son las que, de una manera sencilla, intentaremos despejarte en este libro que te permitirá, en una hora, ponerte al día sobre Internet.

En él te hablaremos de cómo surgió esta inmensa red que rodea nuestra Tierra, cómo evoluciona y se desarrolla, así como el estado actual en España y quién ofrece servicios de conexión a ella.

Te comentaremos los servicios básicos de los que dispone en la actualidad. Te mostraremos cómo y para qué puedes usar el correo electrónico, o cómo acceder a cientos de miles de ordenadores conectados a ella en cualquier lugar del mundo para utilizar sus recursos.

Te mostraremos cómo puedes buscar la información que te interesa, o cómo acceder a millones de programas de *dominio público*. Cómo puedes "saltar" de un ordenador a otro, no importa en qué lugar del mundo estén, para buscar y recuperar cualquier tipo de información.

Aprenderás a navegar a través de la telaraña de documentos *hipermedias* que se extienden de manera indefinida por todo el planeta con aplicaciones como Mosaic u otras similares. Te sugeriremos una visita por los lugares más interesantes de Internet, etc, etc, y... te daremos pistas para que imagines tú mismo el futuro que puede depararnos Internet y las superautopistas de la información.

De la mano de Doc y Marty haremos contigo un "Regreso al Futuro", ya que el futuro de la Internet y las autopistas de la información está construyéndose hoy día, pero basado sobre conceptos y elementos del pasado ya conocidos por todos.

Nota

Ciberespacio es un término habitualmente utilizado por los usuarios de Internet (cibernautas). Fue descrito por primera vez por Willian Gibson en su novela Neuromantes, premio Hugo de ciencia ficción en 1984, e iniciadora de la cultura ciberpunk.

Nos convertiremos por unos momentos en unos aventureros que, en su viejo cacharro, intentan adentrarse en el futuro.

Si tienes la suerte de tener una conexión a Internet, o simplemente si tienes un PC o un Mac con un módem, una línea telefónica y estás dispuesto a realizar este viaje con nosotros, abróchate el cinturón y tómate una biodramina; el viaje será vertiginoso.

Esperamos que la aventura por el *ciberespacio* te resulte estimulante.

Nota

Hipermedia es un término acuñado sobre 1965 por Ted Nelson. Son documentos hechos a base de pedazos de información de todo tipo (texto, imágenes, sonidos, gráficos, video, animaciones,...) y unidos unos a otros de manera que pulsando botones con el ratón puedes "navegar" por la información.

Regreso a los orígenes

2

Historia de Internet

Doc y Marty recuerdan cómo en los viejos tiempos comenzaron a planificar el salto en el tiempo. Hacían conjeturas sobre las posibilidades de usar su máquina para arreglar los desaguisados del mundo en el que viven...

Pertenecer hoy al club de privilegiados que tienen acceso a Internet es relativamente sencillo, y está al alcance de muchas personas. Pero ¿qué es Internet?, ¿cómo fueron sus orígenes?, ¿cuántas redes, ordenadores y personas tienenacceso a Internet?

Una *red* es un conjunto de ordenadores y periféricos que están unidos entre sí por cualquier medio físico que les permita intercambiar información. El que tenga un ordenador personal y una impresora tiene, en muchos casos, una red local sin saberlo.

Los ordenadores conectados a la red deben "hablar el mismo idioma" para poder comunicarse entre sí: deben usar el mismo protocolo de comunicaciones. El protocolo usado en Internet es el TCP/IP, que describiremos después.

Cuando varios ordenadores se unen entre sí a través de una red, pueden compartir recursos de impresión, almacenamiento, etc, así como utilizar otra serie de servicios que no tendrían sentido en un ordenador personal aislado, como la mensajería electrónica. De hecho, la mayoría de los ordenadores personales actuales vienen ya preparados para conectarse en red.

Nota

Desde que Apple sacó la impresora Laserwriter, todos los Macintosh vienen con una conexión preparada para red local (appletalk): era la manera de amortizar la inversión en recursos tan costosos en aquella época. En la actualidad, muchos ordenadores personales incorporan conexión a redes de altas prestaciones. En cualquier caso, incorporar una tarjeta de comunicaciones a un ordenador personal está al alcance de cualquier bolsillo y de cualquier "manitas".

Cuando los ordenadores conectados entre sí están en la misma habitación o edificio, o suficientemente próximos como para que la conexión sea directa, se dice que forman una *red de área local* (*LAN - Local Area Network*).

Si para conectar entre sí los ordenadores es necesario usar telecomunicaciones (teléfono, radio, microondas, satélite...), se dice que es una *red de área amplia* o *extensa* (WAN - Wide Area Network).

Varias redes pueden conectarse entre sí para formar una red mayor. Para ello se utilizan dispositivos especiales (*bridges*, *routers* y *gateways*) que permiten el intercambio de información entre ellas: tenemos entonces una inter-red (*internet* en inglés). La *internet* que enlaza entre sí a la mayoría de las redes de nuestro Planeta se denomina Internet.

Advertencia

Internet es un término demasiado largo y coloquialmente se utiliza simplemente "Red" (Net). Son bastante frecuentes expresiones del tipo "nos vemos en la Red", "puedes cogerlo en la Red"...

Orígenes de Internet

Internet es sólo una veinteañera. En respuesta a la ventaja tecnológica que los rusos sacaban a los americanos en la carrera espacial (lanzamiento del Sputnik, primer satélite artificial), el Pentágono creó la Agencia de Proyectos de Investigación Avanzada del Departamento de Defensa de los EEUU (DARPA).

En la década de los 60 inició un programa para desarrollar técnicas de conexión entre ordenadores con el fin de intercambiar paquetes de información de manera sencilla y segura. El objetivo era construir una red amplia de ordenadores en la que la información pudiera ir de unos a otros por diferentes caminos, de manera que si un área geográfica quedaba "fuera de combate" por una acción bélica, la información pudiera llegar por otros caminos de la red a sus destinos. No debería existir tampoco ningún centro neurálgico que controlara la red, pues éste sería uno de los primeros objetivos en caso de conflicto.

Nota

Un *bridge* (puente) es un dispositivo que une entre sí dos redes. Un *router* (encaminador) realiza la misma función pero de una manera inteligente, de forma que la información que no va dirigida a la otra red no pasa a ella. El *gateway* (pasarela) es aún más sofisticado ya que permite además la conversión de unos protocolos en otros.

Se desarrollaron unos protocolos de conexión y de comunicaciones de *conmutación de paquetes* (que en inglés se denominan *packet swiched*) para el intercambio de información entre ordenadores situados en diferentes ciudades de los EE.UU.

El sistema se parece bastante al sistema de cambio de agujas que se realiza para que los trenes puedan circular de unas estaciones a otras. En cada tramo de red sólo puede transmitirse simultáneamente un paquete, al igual que en cada tramo de vía sólo puede circular un tren.

Con esta filosofía nace la red ARPANET, embrión de la actual Internet.

Mike Wingfield construyó a finales de los años 60 el primer interfaz para inter-redes, con una velocidad de comunicación de 400 Kbps, una velocidad de vértigo para la época.

Nota

La velocidad de transmisión de información se mide en bps (bits por segundo) con sus respectivos múltiplos Kbps, Mbps, etc. Con una velocidad de transmisión de 400 Kbps, se enviaría el contenido completo de la Biblia en algo más de dos minutos (aunque no era precisamente la Biblia lo que pensaban enviar).

Durante los años 70, ARPANET creció en número de ordenadores conectados y en actividades, consolidando los protocolos de comunicación existentes y desarrollando otros nuevos (correo electrónico, intercambio de noticias, conexión remota, TCP/IP, etcétera).

Al comienzo de los 80 aparecen infinidad de redes, entre las que destacan:

- BITNET (*Because Its Time NETwork*), una red con fines educativos y de investigación, con una filosofía de trabajo cooperativo que utiliza el correo electrónico como medio de intercambio de información.
- CSNET (*Computer Science NETwork*), para aquellos científicos de la universidad americana que no tienen acceso a ARPANET.
- EUNET (*European UNIX Network*) y EARN (*European Academic and Research Network*) similares a BITNET pero en Europa.

* FIDONET primer sistema BBS sobre ordenadores personales y que adquirió rápidamente una gran popularidad.
* JANET (*Joint Academic Network*) en Inglaterra.

Nota

BBS son las siglas de *Bulletin Board System*. Una BBS consiste en un ordenador al que se puede acceder a través de un módem. Generalmente sirve como sistema de intercambio de noticias, ayuda y programas entre un grupo de usuarios.

Al mismo tiempo, se crean dispositivos para comunicar unas redes con otras. Es la adolescencia de INTERNET.

En la segunda mitad de los 80, se creó NFSNET, red de una agencia gubernamental de los Estados Unidos (*National Science Foundation*) que con un *backbone* de 56 Kbps y 5 centros de supercomputadores hace crecer de manera explosiva el número de conexiones, especialmente desde las universidades.

Nota

Backbone (columna vertebral) designa a la red central a partir de la cual se derivan otras redes secundarias. Es la que posee mayor velocidad de transferencia.

Nota

Se denomina *host* a un ordenador que permite el acceso a su información a otros ordenadores (invitados o clientes). Se puede traducir como *anfitrión*.

A finales de los 80 el *backbone* es aumentado a 1,54 Mbps (lo que equivale a transmitir la Biblia en poco más de 2 segundos) y el número de ordenadores (*hosts*) conectados en red se aproxima a 160000 a través de unas 1000 redes diferentes.

El crecimiento sigue siendo espectacular, de manera que a mediados de 1995 se aproximan a 4 millones de hosts y cerca de 30000 redes, estimándose entre 25 y 40 millones de personas las que pueden acceder a los diferentes servicios de Internet.

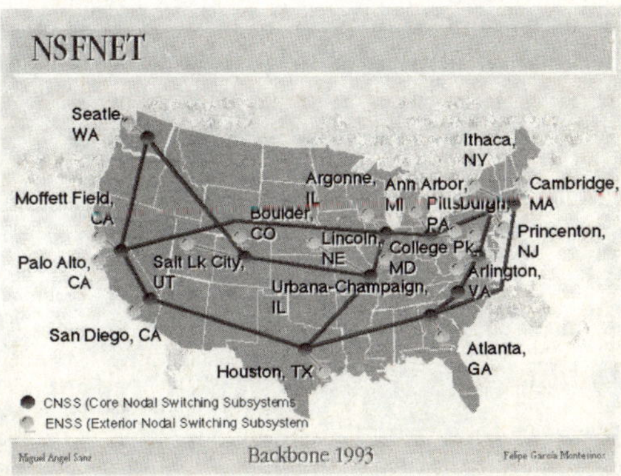

Figura 2.1. *Backbone de NFSNET*

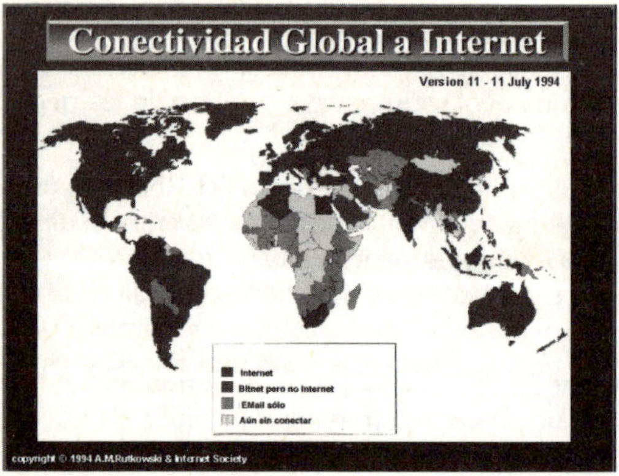

Figura 2.2. *Países conectados a Internet*

Es una especie de anarquía organizada que crece de manera impresionante (más del 15 por 100 mensual), que engloba todo tipo de actividades y que es considerada el embrión de las denominadas superautopistas de la información.

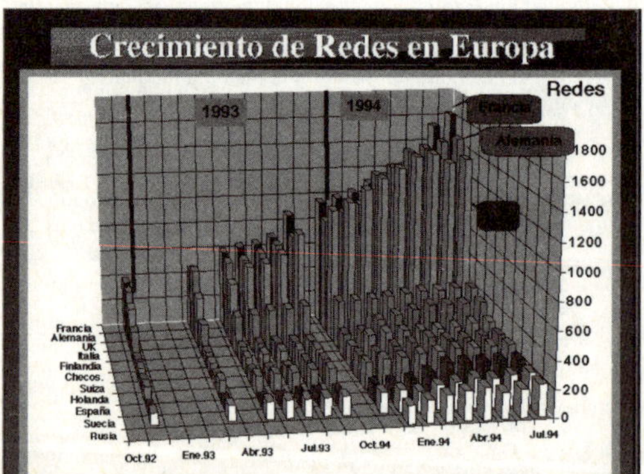

Figura 2.3. *Crecimiento de Internet en Europa*

Aunque se inició con fines militares y se desarrolló con fines de investigación y educativos, en la actualidad está sufriendo una evolución hacia el mundo de los negocios y el hogar.

Resumiendo, podemos decir que INTERNET es una red de redes que actualmente interconecta entre sí alrededor de 4 millones de ordenadores, con un protocolo común (TCP/IP), sin un centro de gestión o coordinación de la misma, con una filosofía de trabajo cooperativo para el desarrollo de sus actividades y sin una finalidad específica.

Internet en España

Nuestro país no es de los que tienen una mayor implantación de Internet. Existe un *backbone* desarrollado por RedIris que enlaza diferentes capitales de provincia españolas y con el de Europa.

Algunas de estas capitales tienen ya acceso a Internet a una velocidad de 2 Gbps. Otras, sólo están enlazadas con

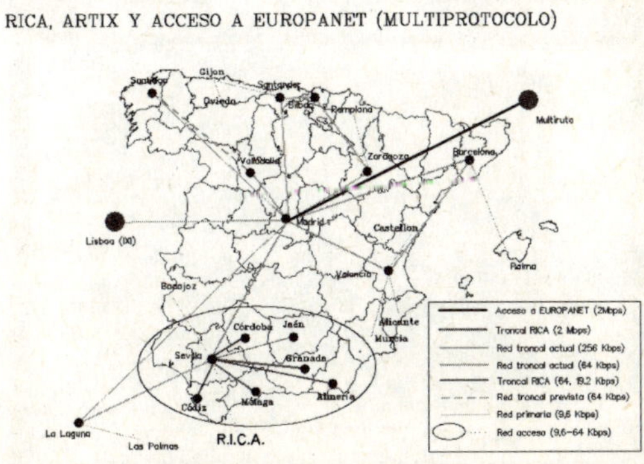

Figura 2.4. *Backbone español*

líneas de 64 Kbps o de 9600 bps, y muchas no tienen aún conexión directa.

Consejo de Doc

RedIris es el proveedor Internet de centros o instituciones públicas en España.

El número de hosts conectados se estima entre 25000 y 30000, y los usuarios que tienen diferente tipo de acceso a Internet oscilan entre 50000 y 300000.

En cualquier caso el crecimiento es tan espectacular como el que ya hemos comentado para otros países, y están surgiendo numerosas empresas que ofrecen diferentes tipos de conexión a Internet.

El código de la circulación

El protocolo TCP/IP

Antes de ponerse en camino, Doc y Marty dan un repaso a las normas de circulación. Esto les ayudará a desenvolverse por los lugares que visiten y evitará que se metan en más lios de los debidos. Si existiera un único código de circulación...

Como hemos indicado, la filosofía de funcionamiento bajo la que se creó ARPANET ha condicionado el modo en el que se ha desarrollado y los modelos sobre los que se sustenta la comunicación en Internet.

En lugar de conectar punto a punto dos ordenadores para intercambiar la información (como ocurre en el sistema telefónico (en el que se utiliza la conmutación de circuitos), ésta se realiza por el sistema de *conmutación de paquetes*. Un símil sencillo podrá aclararnos este mecanismo.

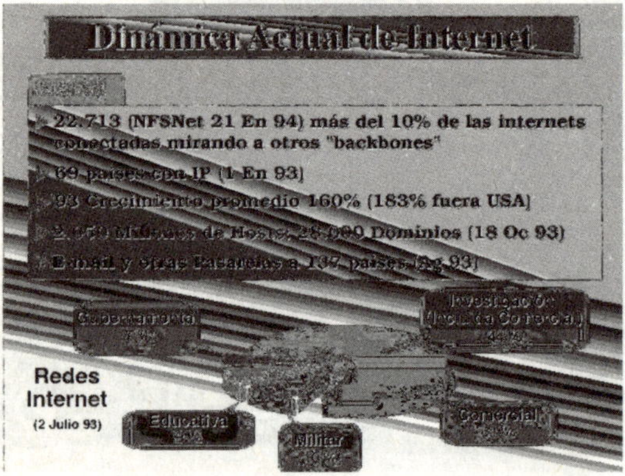

Figura 3.1. *Etapas de Internet*

Un símil

Supongamos que queremos trasladar un ejército de una ciudad a otra. Como el número de soldados es muy numeroso, el transporte colapsaría cualquiera de los medios de trasporte que utilizáramos. Por ello, dividimos el ejército en unidades más pequeñas (por ejemplo compañías o cualquiera otra de las subunidades que lo componen).

A cada una de estas unidades la embarcamos en un medio de transporte, por ejemplo el tren, y la enviamos a la ciudad de destino. Estas unidades son independientes entre sí durante el trayecto, de manera que circulan separadas hasta la llegada.

Cuando el tren que transporta una de estas unidades llega a un nodo ferroviario, selecciona la vía adecuada para dirigirse al siguiente nodo más próximo al destino, y así sucesivamente.

Si por cualquier circunstancia uno de los tramos de vía estuviera cortado o colapsado por el tráfico, podría elegirse otro trayecto para proseguir el camino que, aunque más largo, también le llevaría a la ciudad de llegada.

No todas las unidades tendrían necesariamente que hacer el mismo trayecto, ni siquiera llegar en el orden en el que salieron.

Una vez todas en la ciudad de destino, se comprobaría si cada unidad ha llegado correctamente (el capitán pasaría lista) y se recompondría el ejército como originalmente salió, quedando en disposición de operar de la misma forma que estaba en la ciudad de origen.

TCP-IP

De una manera similar opera el protocolo TCP/IP. Fracciona la información que hay que transmitir (por ejemplo un archivo) en paquetes más reducidos (los paquetes pueden tener un tamaño desde unos cuantos bits hasta varios miles), y se encarga de establecer los mecanismos de control para que la información de cada paquete llegue intacta a su destino. En cada paquete se insertan las direcciones de los ordenadores emisor y receptor.

El protocolo se encarga de enviar los paquetes a través de la ruta más conveniente hasta el receptor. Una vez allí, comprueba, ordena y recompone la información, de forma que quede como originariamente se envió.

El mecanismo es más complicado y lento que el de la comunicación punto a punto, en el que se establece una ruta a través de la que pasaría todo el ejército sin interrupción hasta que hubiera llegado completamente a su destino.

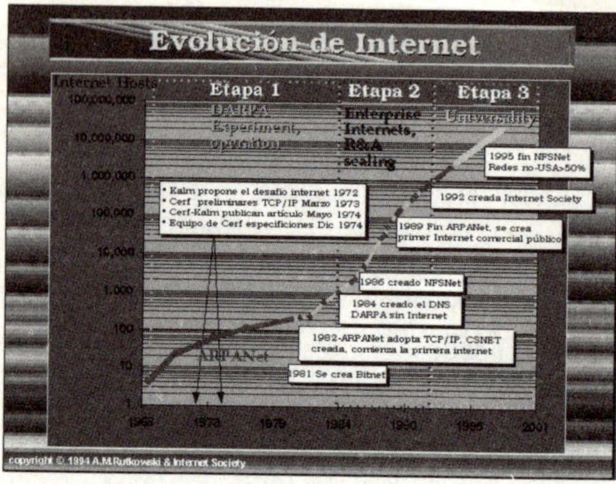

Figura 3.2. *Usos de Internet*

Sin embargo es más seguro, ya que se adapta a las condiciones del tráfico en sistema de transporte y más flexible, puesto que permite que muchos ejércitos puedan trasladarse al mismo tiempo hacia muchos destinos.

Por otro lado se pueden usar diferentes medios de transporte, sin más que cambiar los vagones del tren por barcos, aviones o cualquier otro medio aunque fuera más lento, ya que en cada "nodo" por el que pasan podrían "almacenarse" temporalmente las compañías, adaptándose a las velocidades de los diferentes medios utilizados.

Del mismo modo, los paquetes transmitidos por TCP/IP pueden utilizar diferentes medios físicos con diferentes velocidades de comunicación para llegar de un "nodo" de la red a otro; de hecho se utilizan cables coaxiales, cables trenzados, fibras ópticas, líneas telefónicas, satélites de telecomunicaciones, o cualquier otro medio que permita comunicar información.

Desde el punto de vista del usuario final, el protocolo pasa completamente desapercibido. Lo único que el usuario tiene que saber es el origen y el destino de la información y, como veremos más adelante, en muchas ocasiones ni siquiera eso.

Identificación de los hosts en Internet

En Internet (en TCP/IP) es preceptivo que cada ordenador tenga asignado un número que lo identifique (se denomina número de IP); opcionalmente, también puede tener un nombre, que puede usarse en lugar del número de IP.

Existe una correspondencia entre el número de IP y el nombre de un ordenador. Un ordenador que esté ejecutando un programa de *servidor de nombres* establece dicha correspondencia, de manera que especificado cualquiera de ellos, el servidor de nombres determina el otro. No es necesario que un ordenador tenga un nombre, pero es imprescindible que tenga asignado un número IP para poder comunicarse en Internet.

El número de IP consta de cuatro números separados por puntos. El primero especifica la red, el segundo la subred, el tercero la sub-subred (el nodo) y el último el ordenador.

Consejo de Doc

Un Servidor de nombres o DNS es un programa que se encarga de establecer la correspondencia entre el nombre internet de un host y su dirección o direcciones I.P.

En la configuración del *driver* TCP/IP es necesario especificarlo, ya que en caso contrario, cuando tu ordenador quiera conectar con un host concreto no sabrá su dirección.

Nota

Se suele denominar *driver* a un pequeño programa que permite al sistema operativo manejar un determinado dispositivo hardware.

El nombre Internet suele constar de tres o más términos separados por puntos. El último de ellos (el de la derecha) especifica el *dominio* (el país, o tipo de red al que pertenece). El del centro indica el *subdominio* (universidad, centro o empresa) y el primero, el nombre del ordenador. Puede existir otro que especifica un subdominio aún menor (por ejemplo, una facultad o sección).

Así, un nombre típico es **pizarro.unex.es**: "pizarro" es el nombre del ordenador (en este caso un Convex), "unex" es el subdominio, Universidad de Extremadura, y "es" es el dominio España. El IP correspondiente a dicho host es 158.49.48.2, por el que también puede identificársele.

Preparando el Delorean

Cómo conectarse a Internet

En el taller, Doc trabaja febrilmente dándole los últimos retoques al Delorean. Mientras su mano experta afina con precisión las piezas clave, comenta a Marty los primeros "viajes" que piensan hacer...

La conexión a Internet puede realizarse de muy diversas maneras. Analizaremos algunas de las situaciones en las que podemos encontrarnos para acceder a los servicios de la Red y cuáles son los requerimientos mínimos que debemos cubrir para ello.

Requisitos previos

Veremos en primer lugar la situación más sencilla, la de aquellos afortunados que tienen acceso directo y permanente a Internet a través de su empresa o institución. En estos casos, necesitas, al menos, un ordenador personal (Macintosh, PC o cualquier otro) con el software y el hardware necesario para la comunicación.

En primer lugar debes ponerte en contacto con el Centro de Cálculo, Departamento de Informática o similar de tu empresa o Institución, ya que además de proporcionarte los datos imprescindibles para la conexión, lo más probable es que ellos mismos se encarguen de preparártelo todo.

En cualquier caso deberás tener en tu ordenador una tarjeta de comunicaciones que te conecte a la red de ordenadores de tu empresa o institución. Cada día se usan más redes locales Ethernet para estos fines. Es importante que sepas el medio físico que utiliza la red, ya que debes disponer del *transceptor* (adaptador) adecuado para conectarte a ella.

Consejo de Doc

En la actualidad numerosas tarjetas Ethernet vienen con el *transceptor* ya incorporado, con lo que puedes ahorrar algún dinerillo si utilizas alguno de ellos.

Una vez instalado el *driver* de la tarjeta (debe venir en el mismo paquete), debes instalar el software TCP/IP que te permitirá utilizar éste protocolo para poder comunicarte a través de Internet.

* **En el caso del Mac** el driver TCP/IP es un panel de control que se "echa" directamente sobre la Carpeta del Sistema y se coloca en la carpeta de Paneles de Control.

Sugerencia de Marty

La versión más reciente de MacTCP es la versión 2.0.6. La puedes conseguir en cualquier distribuidor Apple; viene incorporada como parte del sistema 7.5. Hay actualizaciones de dominio público de la 2.0.X a la 2.0.6.

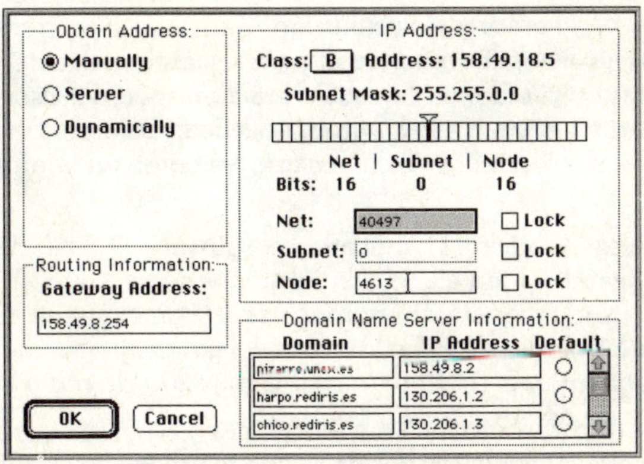

Figura 4.1. *Configuración de MacTCP*

* **En el caso de un PC** existen muchas formas diferentes de acceder a los servicios de Internet. Para simplificar nos referiremos al entorno Windows. Existen

diferentes implementaciones del protocolo TCP/IP que pueden usarse. Las más recomendables son aquellas que siguen la especificación "*WINDOWS SOCKETS*", que se está consolidando como un verdadero estándar.

Nota

Más información sobre *windows sockets* puedes encontrarla por FTP-anónimo (más adelante veremos cómo se hace) en *microdyne.com* en el directorio */pub/winsock*; en *vax.ftp.com* en el directorio */pub/winsock* o en *rhino.microsoft.com* en el directorio */winsock*.

Existen versiones comerciales y *shareware*; de entre las últimas quizás la más extendida sea *Trumpet Windsock*, de Peter Tattam. Este programa puede encontrarse en numerosas colecciones de shareware, así como en la propia Internet.

Una vez instalado el hardware y el software TCP/IP debes configurarlo. Para ello el administrador de tu red local debe proporcionarte un *número de IP* con el que se identificará tu ordenador, la dirección del *gateway* que une tu red con Internet, el *tipo de red*, la *máscara de red* y la dirección del *servidor de nombres*.

Consúlta el administrador de red de tu empresa o institución si tienes algún problema. Es importante que tu ordenador esté bien configurado desde un primer momento pues, en caso contrario, la comunicación no funcionará correctamente. Esto solamente tienes que hacerlo una vez, y te ahorrará muchos quebraderos de cabeza hacerlo bien.

Nota

Shareware es el nombre de un tipo de programas cada día más utilizado. Estos programas pueden ser copiados y distribuidos libremente. Si los utilizas debes enviar una cantidad de dinero muy reducida (de 2 a 100 dólares) a su autor para que pueda seguir desarrollando programas de este tipo.

Freeware son programas shareware por los que no debes pagar nada.

Estos programas no tienen menos calidad que los comerciales sólo por ser baratos; los hay verdaderamente buenos. Y no por poderlos distribuir libremente estás eximido de pagar su precio si realmente los utilizas. Úsalos y págalos: merece la pena.

Cuando no tenemos acceso directo

Un consuelo es que por ahora la mayoría de los mortales se encuentra en esa situación. Es más, no es realmente necesario tener conexión permanente a Internet para usar la mayoría de los servivios que ofrece, sino conectarse sólo cuando deseamos utilizar alguno de ellos. Pocas situaciones requieren tener una conexión permanente.

Para tener acceso a Internet debes ponerte en contacto con alguna de las empresas que actualmente ofrecen este tipo de servicios. En la actualidad son pocas, pero muchas más que hace unos pocos meses, y es de esperar tanto que aparezcan muchas otras en breve como que las actuales aumenten sus servicios.

Muchas de ellas prestan servicios de BBS, proporcionando como servicio adicional acceso a Internet a través de pasarelas (*gateways*).

Conviene informarse bien del tipo de servicios que ofrecen, ya que algunas sólo permiten acceder a través de - *correo electrónico*. Las tarifas varían de unas a otras, dependiendo de los servicios que ofrecen, y la tendencia es a bajar.

Es importante asegurarnos primero qué es lo que realmente nos interesa, para así contratar los servicios adecuados. Algunos proveedores envian un disco con programas de conexión y un tiempo de prueba, por ello te recomendamos que te pongas en contacto con varios para saber cuál que el que realmente te interesa.

Proveedores Internet en España

* **RedIris**. Ofrece conexión Internet completa a Universidades e Instituciones oficiales. Para consultas debes ponerte en contacto con ellos en el teléfono 91-5855150. Dispone de servidores *FTP*, *gopher* y *WWW* con información detallada sobre los servicios que ofrece.
* **Goya Servicios Telemáticos**. Es el más antiguo de los proveedores de acceso a Internet para usos privados. Proporciona acceso completo a Internet en muchas modalidades diferentes. También dispone de servidores FTP, gopher y WWW con información detallada de sus servicios y tarifas. Puedes ponerte en contacto con ellos en el teléfono: 91-4134856.

Otros proveedores que dan diferente tipo de acceso son:

* **Spritel**. 976-4209470
* **Seker**. 93-8126297
* **Skios**. 908-811748

- **Servicom. 902-226622**
- **IBM**. 900-100-400
- **CompuServe**. Hoy día es difícil contratar CompuServe desde España. Compra una revista norteamericana de informática y adquiere un kit de conexión a CompuServe.

Y otras empresas más que, con seguridad, habrán aparecido en el momento en el que leas estas líneas.

Antes de contratar los servicios de cualquiera de éstos u otros proveedores debes cercionarte de:

- Qué tipo de acceso a Internet proporcionan (algunos sólo ofrecen *correo electrónico* y *news*).
- Si proporcionan cuenta en un host, cuál es el precio de la misma y el costo de ampliación de memoria reservada.
- Cómo te facturan los servicios, es decir, por qué conceptos y cuánto te cobran por cada uno de ellos (por alta de conexión, tiempo de conexión, bytes transferidos, etcétera).
- Y algo muy importante, desde dónde te ofrecen el servicio, ya que a los gastos anteriores debes añadir el costo de las tarifas telefónicas, y una llamada metropolitana es bastante más economica que una nacional. En muchos casos el coste de teléfono puede convertirse en el más importante.

Para conectarte a través de uno de estos proveedores debes tener un ordenador personal, un módem (cuanto más rápido mejor), una línea telefónica y el software de conexión.

La comunicación se realiza a través de programas específicos que proporciona la empresa que da el servicio. La comunicación TCP/IP se efectúa a través de línea serie, por lo que además del *driver* TCP/IP debes disponer del correspondiente *driver* de comunicación serie (*SLIP* o *PPP* son los más utilizados). En cualquier caso, la compañía suministradora te facilitará la configuración de tu ordenador para acceder a sus servicios.

Consejo de Doc

SLIP (acrónimo de *Serial Line Interface Protocol*) es el protocolo más usado para transmitir TCP/IP a través de un módem, aunque el protocolo PPP (*Point to Point Protocol*) está adquiriendo cada día más popularidad.

A 140 km/h ... despegamos 5

Conexión remota. Telnet

Doc está al volante, y Marty a su lado, observa asustado cómo el bólido adquiere una velocidad suficiente para dar el salto... al ciberespacio.

Lo primero que debes hacer al conectarte a Internet es ponerte a los mandos de tu "bólido" y pilotarlo.

Una de las herramientas más clásicas pero no por ello menos útil es la conexión remota a otro ordenador. Se realiza mediante el protocolo *Telnet*.

Telnet

Mediante Telnet puedes realmente conectarte y pilotar cientos de miles de ordenadores conectados a Internet.

Tu ordenador personal se convierte en un *terminal remoto* de cualquiera de los *hosts* de Internet que te permitan el acceso.

Para ello, en tu ordenador debes disponer de un programa de *emulación de terminal*. No te preocupes si no tienes ninguno, pues además de los magníficos emuladores comerciales que puedes encontrar en los distribuidores de material informático, los hay también de dominio público, totalmente gratuitos, que no tienen nada que envidiar a los que se venden.

Consejo de Doc

NCSA Telnet es uno de los emuladores más conocidos y lo hay tanto para Macintosh como para PC. Puedes pedirlo a cualquier amigo o distribuidor de ordenadores, o encontrarlo en los CD-ROM de programas de dominio público. Si ya tienes acceso a Internet puedes obtenerlo tú mismo por *FTP* como te indicaremos más adelante.

Para acceder al ordenador remoto debes especificar su nombre Internet o su número de IP.

Una vez conectados, el ordenador remoto nos solicita el *login* de acceso. Es nuestro nombre de usuario del ordenador (debe proporcionárnoslo el administrador del sistema al que queremos acceder). Habitualmente es un conjunto de caracteres extraídos del nombre y apellidos del usuario

Consejo de Doc

A los usuarios de Mac puede costarles un poco de trabajo habituarse a los tres botones que utiliza el ratón de X-Windows. Los otros dos botones se simulan pulsando las teclas Comando y Alt.

(por ejemplo, **jmvega** y **rafaelp** son los nuestros). El *login* es público y puede conocerlo cualquiera.

Introducido éste, y después de pulsar la tecla de retorno, nos solicita nuestra *password*, nuestra clave de acceso al host. Una vez tecleada y seguida del correspondiente retorno, ya tenemos acceso a la información del ordenador remoto o, mejor dicho, a la que nos dejen acceder.

Sugerencia de Marty

No utilices password fáciles de averiguar por otros (por ejemplo, el nombre seguido de un caracter, o puesto al revés, o los apellidos, la fecha de nacimiento o similares) ya que son los primeros que ensayan los *hacker* que quieren introducirse en un sistema. De la misma forma tampoco debes quedarlo apuntado en ningún lugar accesible a otros. Algunos sistemas obligan a cambiar periódicamente el password.

El sistema operativo que habitualmente utilizan los *hosts* conectados a Internet es el UNIX. Es un lenguaje de comandos bastante parecido al MS-DOS. Los usuarios de Mac no tienen por qué preocuparse, pues sólo son necesarios unos pocos comandos para utilizar lo imprescindible. UNIX tiene además una interfaz gráfica de usuario similar a la de Mac o a la de Windows, denominada X-windows.

Consejo de Doc

Versaterm es un emulador de terminal comercial que en el paquete de la versión "pro" tiene, entre otras muchas opciones, un servidor de conexión Telnet. Esto significa que si tienes una red appletalk de Macintosh sólo necesitas que uno de ellos tenga acceso directo a Internet. Los otros pueden conectarse mediante *telnet* a cualquier host de Internet a través de dicho servidor, que trabaja como tarea de fondo. Es la opción más barata para proporcionar a un grupo de Mac acceso a Telnet, ya que ahorras un montón de dinero en tarjetas y transceptores.

Algunos comandos para moverte por UNIX

Cuando accedes al host, tu directorio de trabajo es el directorio Home del usuario. En él puedes tener tus programas, documentos... u otros directorios. A continuación te mostraremos los comandos básicos de UNIX para moverte por el árbol de directorios, crear, borrar, cambiar el nombre y mover ficheros y directorios y alguno más).

* **help** es el comando que debes utilizar siempre que entres en un sistema y no tengas muy claro qué hacer.

Consejo de Doc

Remotehelp te proporciona información relativa a los comandos que acepta el ordenador remoto que sirve la información.

Suele proporcionarte información sobre los comandos que tienes a tu disposición. Si indicas a continuación un nombre de comando, te dará una explicación más detallada del mismo y de sus diferentes opciones; incluso te indicará otros comandos relacionados o similares y ejemplos de utilización. Si deseas aún más, puedes consultar el manual "on-line" de UNIX mediante el comando **man** seguido del comando del que deseas una explicación detallada.

* **ls** lista el contenido de un directorio.

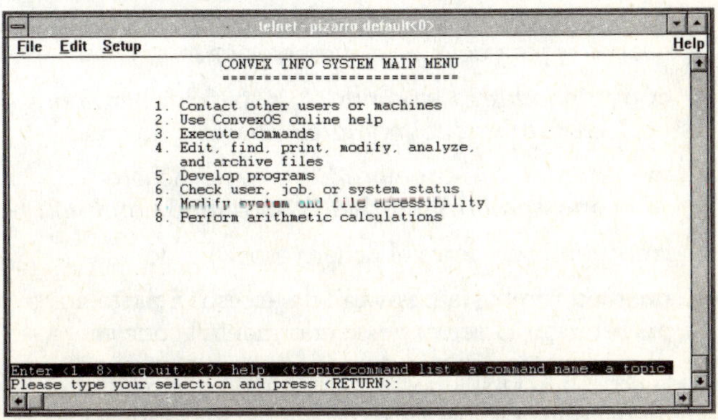

Figura 5.1. *Telnet, una pantalla de ayuda*

- **mkdir** <*nombre*> crea un directorio con el *nombre* especificado.
- **rmdir** <*nombre*> realiza lo contrario que el anterior, es decir, lo borra. El directorio debe estar vacío.
- **cd** <*nombre*> te sitúa en el directorio especificado. *nombre* puede ser el nombre del directorio o la vía de acceso al mismo. La vía de acceso indica, en el árbol de directorios, el camino para llegar hasta el directorio o fichero deseado. Los nombres de los directorios jerárquicos por los que descendemos se separan por "/". (por ejemplo, *jmvega/imagenes/medicas* especificaría el directorio *medicas* dentro del directorio *imagenes* dentro del directorio de usuario *jmvega*). Si el directorio actual es *jmvega*, para pasar al directorio medicas escribiríaos

  ```
  cd imagenes/medicas
  ```

- Si se escribe un / al comienzo de la vía de acceso, se está indicando que es desde el directorio raíz. Para pasar al directorio padre del actual se teclearía **cd ..**
- **more** <*nombre*> presenta en la pantalla del terminal el fichero especificado. Al llenarse la pantalla se detiene y espera a que pulsemos cualquier tecla para continuar, o **q** para detener la presentación.
- **copy** <*nombre1*> <*nombre2*> copia el fichero *nombre1* en *nombre2*. Si *nombre2* no existe, lo crea.
- **mv** <*nombre1*> <*nombre2*> mueve el fichero o directorio *nombre1* al fichero o directorio *nombre2*.
- **rm** <*nombre*> borra el fichero especificado.
- **passwd** cambia la password de acceso. Solicita en primer lugar la actual y posteriormente la nueva.

Cada comando UNIX posee una serie de opciones que, aunque al principio parezcan un poco enrevesadas, los hacen realmente potentes.

HYTELNET

Lo verdaderamente impresionante de *telnet* no es que puedas acceder a un ordenador remoto; es que puedes acceder a todos. Lo único que debes tener es un *login* y una *password* de acceso.

Hay en la Red una gran cantidad de host que permiten acceso público. Es decir, que hacen público un *login* y una *password* para que quien lo desee acceda a la información que ellos tienen preparada para tal fin. Los *login* y *password* de estos ordenadores están recogidos en una sencilla aplicación llamada HYTELNET.

Consejo de Doc

La versión para Mac de HYTELNET puedes conseguirla por FTP-anónimo en *ftp.switch.ch* en el directorio */software/sources/hytelnet/mac*, es una pila de Hypercard.

La versión para PC se encuentra disponible en el mismo ordenador en el directorio */software/sources/hytelnet/pc*.

HYTELNET te proporciona información de una manera ordenada, no sólo de los nombres de los host con acceso público y los login y password para acceder, sino que introducen algunas líneas en las que indican el tipo de información y la manera de acceder a ella.

Una vez hayas accedido a uno de estos ordenadores, pide ayuda para saber los comandos que tienes a tu disposición. Haz uso exhaustivo del **help** (o **remotehelp**)

Puedes acceder también a HYTELNET haciendo **telnet** a **access.usask.ca** con el *login* **hytelnet**

Para ir abriendo boca puedes acceder a alguna biblioteca universitaria y hacer una consulta bibliográfica sobre algún tema o libro de tu interés. Inténtalo por ejemplo en alguna de las bibliotecas accesibles de nuestro país o en la del Congreso de los Estados Unidos.

También puedes hacer telnet a **debra.doc.ca** con el login **chat**; te dará acceso a una base de datos conversacional con una interfaz muy similar a una conversación normal (en inglés, claro).

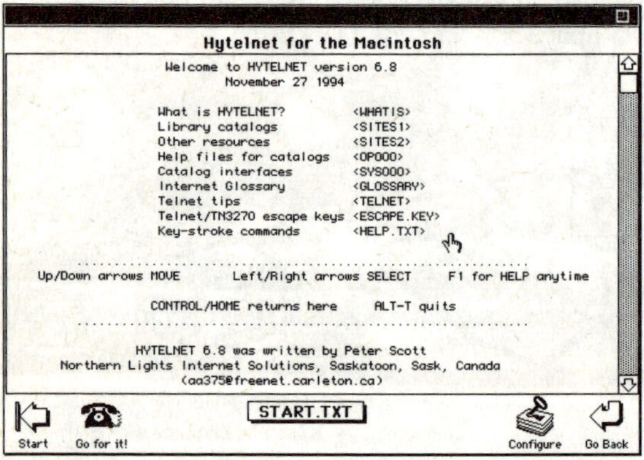

Figura 5.2. *HYTELNET*

La Pony Express del Ciberespacio

El correo electrónico. E-mail

Marty se ha convertido en un veloz jinete de la Pony Express. Llevar cada mensaje es una nueva aventura llena de peligros... ¿cómo es esto en el ciberespacio?

Uno de los primeros servicios utilizados por las redes de ordenadores es el correo electrónico o *e-mail* (electronic mail). Mediante él pueden enviarse mensajes de unas líneas o de cientos de páginas de un extremo a otro del planeta en escasos segundos; además, de una forma mucho más rápida y segura que con cualquiera de los otros medios convencionales utilizados hoy día.

El sistema de correo electrónico opera de manera similar a como lo hace el correo convencional. Cada usuario posee una dirección electrónica y un buzón situado en un ordenador conectado a Internet. La dirección electrónica está constituida por dos partes separadas por un símbolo @. La primera parte indica el nombre del usuario (el que se teclea como login para acceder al host) y la segunda el nombre internet del host donde se recibe el correo (por ejemplo, *jmvega@ba.unex.es*).

Cualquier mensaje enviado a un usario de Internet es transmitido por la Red en pocos segundos al ordenador de destino, y depositado en el buzón del usuario a la espera de que éste se conecte con el host, lo recoja y lo lea.

Nota

MIME (*Multipurpose Internet Mail Extension*) es un nuevo estandar para e-mail en Internet que permite incluir en un mensaje documentos electrónicos no textuales especificando el contenido del mensaje y la forma de transmitirlo. Muchos gestores de correo (Eudora entre otros) soportan MIME, lo que significa que pueden enviar o recibir en el cuerpo del mensaje cualquier documento electrónico.

Partes de un mensaje

Un mensaje e-mail consta de dos partes (figura 6.1): la cabecera y el cuerpo.

En la cabecera se especifica:

- **To**. Dirección electrónica del destinatario. Obviamente es imperativo que la especifiquemos nosotros.
- **From**. Dirección del remitente, es decir, nuestro nombre y dirección electrónica. El programa que gestiona el correo debe tenerlo configurado, por lo que no tendremos que especificarlo cada vez.
- **Subject**. Asunto del que vamos a tratar en el mensaje. Es opcional, pero muy conveniente, que en unas pocas palabras sinteticemos de que va el mensaje. Tengamos en cuenta que una persona puede recibir al día varias decenas de mensajes, y decidir cuál leer primero o no leer por remitente y el asunto (*subject*).
- **Cc** y **Bcc**. A quiénes se enviarán copias del mensaje (por *carbon copy*).

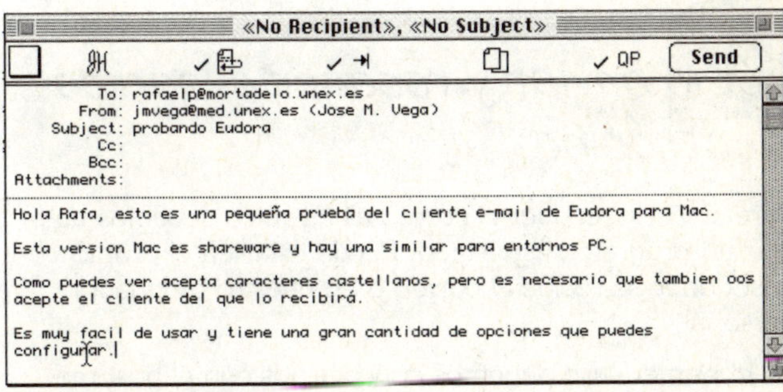

Figura 6.1. *Pantalla de Eudora enviando un mensaje*

La cabecera también puede incluir alguna otra información que trate del sistema de e-mail que utilicemos o de los *gateways* por los que pasa el mensaje hasta llegar a su destino (si es una respuesta a otro mensaje, por qué vía ha llegado, etcétera).

El *cuerpo del mensaje* contiene el mensaje propiamente dicho. La redacción suele ser similar a la de la correspondencia convencional, aunque aparecen nuevas formas de expresarse precisamente provocadas por las peculiaridades del medio.

Sugerencia de Marty

De la misma manera que cuando queremos enviar una copia de una carta a otra persona colocamos un "papel carbón" en la máquina de escribir, en el campo CC del correo electrónico podemos especificar otra u otras direcciones electrónicas a las que enviar copia del mensaje.

Cómo enviar y recoger el correo electrónico

Para enviar y recoger el correo electrónico debemos utilizar un programa específico. Puede estar en el propio host donde se recibe el correo o en nuestro ordenador personal.

En el primer caso debemos conectarnos con el host mediante Telnet. Una vez hemos entrado en el sistema, especificando nuestro login y password, éste suele indicarnos si tenemos algún mensaje nuevo. Hay varios programas de gestión de correo en UNIX (*mail*, *ean*, *elm*, etc), por lo que debemos consultar al administrador del sistema cuál es el nuestro.

En general todos los programas de respuestas permiten listar los mensajes recibidos, indicando el remitente y el asunto (*subject*), mostrar en pantalla el que deseemos, responder (*reply*) a alguno de ellos, reenviar (*forward*) uno o varios mensajes a otro usuario, organizar los mensajes en carpetas o directorios, responder automáticamente, borrar los mensajes que deseemos, invocar a un editor de textos del sistema, enviar en el texto información no textual (como imágenes, sonidos u otros documentos electrónicos), etcétera.

Nota

Existen programas que trabajan como tarea de fondo en tu ordenador personal y que chequean cuándo se recibe un mensaje nuevo, avisando al usuario mediante un sonido, señal o mensaje en ese mismo instante (Notify mail para Mac, por ejemplo).

Cuando accedas por primera vez al programa gestor de correo electrónico, te recomendamos solicitar ayuda, mediante la orden **help** o **?**. Generalmente cuentan con una extensa ayuda "on-line", que te puede aclarar cómo utilizar las múltiples opciones que suelen tener.

La segunda forma es utilizar un programa de correo desde tu ordenador personal. A estos programas se les suele denominar *clientes e-mail*, ya que necesitan que se esté ejecutando un programa servidor de e-mail en el host que recibe el correo. El servidor de e-mail puede comunicarse con el programa cliente para enviarle los mensajes recibidos en nuestro buzón y para recoger los mensajes que nosotros redactamos y enviarlos a su destino.

Consulta con el administrador de tu host si tiene un servidor de correo y cuáles son las características del mismo (tipo, dirección electrónica, etc), ya que debes configurarlo en el programa cliente.

Existen numerosos clientes de correo electrónico para los ordenadores personales. Todos ellos facilitan enormemente la gestión del correo, desde la redacción hasta la inclusión de otros documentos no textuales, ya que suelen tener una interfaz gráfica muy intuitiva de utilizar.

Alguno de ellos tienen versiones tanto para Mac como para PC. Si en tu entorno hay personas que trabajan en los dos entornos ésta es la elección más razonable. La mayoría son de dominio público y muchos gratuitos. Existen versiones comerciales de algunos clientes de e-mail que incorporan opciones que los hacen mucho más potentes.

Consejo de Doc

Si tienes un Mac con conexión directa a Internet, puedes instalar el Mailshare, un servidor POP3 y SMTP para recoger y enviar el correo electrónico. Trabaja como tarea de fondo y permite crear grupos de usuarios. Mailshare está disponible por FTP-anónimo (ver más adelante) en cualquiera de los servidores *info-mac* en el directorio */info-mac/comm/tcp*.

Si tienes un PC-Windows puede interesarte recoger el archivo *~/ftp/pub/pc/win3/winsock/ssmtp105.zip*, también FTP-anónimo, en *ftp.cica.indiana.edu*; contiene un servidor SMTP/POP3 que funciona sobre Windows Sockets.

Otra aplicación muy sugestiva es WNMSGATE, una pasarela de correo entre Microsoft Mail e Internet. En los mismos host y directorio; el fichero es **wnmsgate.zip**.

Consejo de Doc

Para obtener la última versión de Eudora envía un e-mail a "eudora-info@qualcomm.com"; si eres usuario de Mac. Si tienes un PC el correo electrónico debes enviarlo a "pc-eudora-info@qualcomm.com".

incorporan opciones que los hacen mucho más potentes. En cualquier caso, las versiones shareware tienen, en general, todo lo que el usuario habitual suele necesitar.

Nota

El servidor POP (Post Office Protocol) es el encargado de recoger el correo. Tu correo es almacenado en una cuenta POP hasta que tu cliente de e-mail lo recoge. El servidor POP requiere login y password para acceder a los mensajes recibidos.

En la figura 6.1 se muestra una ventana de Eudora. Este programa tiene versiones para Mac y PC; también tiene una versión comercial con algunas opciones más desarrolladas.

Ventajas del correo electrónico

Aunque el correo electrónico funciona de manera similar a como lo hace el convencional, tiene una serie de ventajas que le permiten nuevas aplicaciones del mismo:

- Es mucho más rápido, un mensaje puede tardar unos minutos en llegar de un extremo a otro del planeta.
- Puede contestarse o reenviarse automáticamente.
- Se pueden enviar copias a un grupo de personas.
- Se puede enviar con "acuse de recibo" para cercionarnos de que realmente ha llegado a su destino, etcétera.

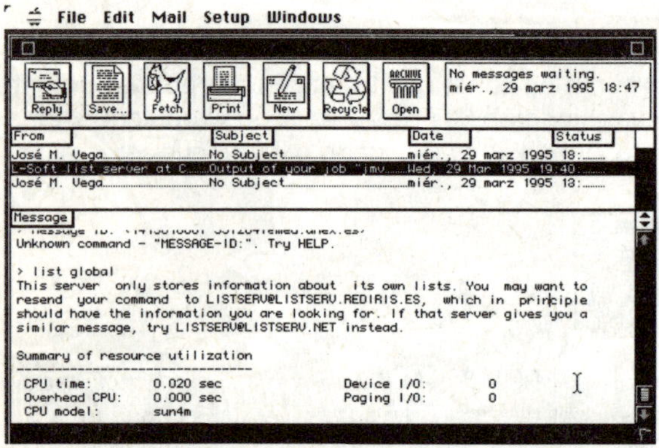

Figura 6.2. *Leyendo un mensaje desde Popmail II*

Aviso

Los hosts que contienen las colecciones de software más importantes sufren una carga muy elevada, por lo que suelen encontrarse en la Red otros servidores que mantienen copias actualizadas del contenido del servidor principal (*mirrors* o espejos). En adelante nos referiremos con *info-mac* al host *sumex-aim.stanford.edu* y sus mirrors, y con *cica* a *ftp.cica.indiana.edu* y los suyos.

7 De la oficina de correos al periódico

Listas y News

Marty ha ido a la oficina de correos. Espera ansioso un mensaje de Doc que debe llevar al periódico. La noticia debe llegar lo más rápido posible a miles de hogares...

Listas de correo

Creo que no podemos negar el anhelo con que miramos el buzón cuando esperamos noticias de alguien, ni la alegría que nos proporciona el recoger la correspondencia y leerla. Algunas de las preguntas más frecuentes que se hace el recién llegado a Internet es ¿a quién puedo enviar un correo? y ¿quién puede enviarme mensajes e-mail? Hay una manera de recibir correspondencia, además de la que podemos establecer con las personas que sepamos que disponen de correo electrónico, las *Listas de correo*.

Nota

Existen grupos de usuarios que generosamente se encargan de mantener actualizado un listado de las listas de interés y los LISTSERV. Uno de ellos deposita esta información en el servidor de Dartmouth. En dicho servidor se incluyen también programas para Mac y para PC que permiten una consulta rápida y eficaz de las listas que te pueden interesar.

Para obtener esta información envía un mensaje a LISTSERV@dartcms1.dartmouth.edu sin *subject* y escribiendo en el cuerpo del mensaje: *send listtext package*.

Recibirás por *e-mail* las listas. Si envías en el cuerpo del mensaje: *send macsig package o send pcsig package*, recibirás un programa para Mac o PC respectivamente que te permitirá buscar y ver la información que te interese sobre las listas.

Una Lista de Correo es una dirección electrónica a la que pueden subscribirse cualquiera que disponga de correo electrónico. Cualquiera de los subscriptores de la lista puede enviar mensajes a dicha dirección, y cualquiera de los mensajes que recibe la lista es automáticamente reenviado al resto de los subscriptores de la misma. Esta forma de operar permite la creación de grupos de interés o forums que debaten activamente e intercambian información sobre temas específicos mediante correo electrónico.

Existen programas específicos que ejecutándose sobre un host conectado a Internet, permiten la creación y gestión de este tipo de listas. Se denominan *LISTSERV*.

Un LISTSERV permite atender en un host a varias listas al mismo tiempo, y crear además un servicio de información que puede ser consultado por conexión directa o mediante correo electrónico.

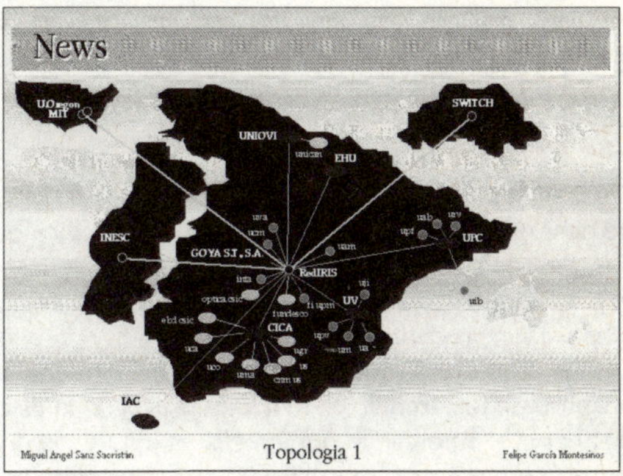

Figura 7.1. *Servidores de NEWS en España*

Los mensajes distribuidos por LISTSERV son almacenados para constituir una base de datos, que puede ser consultada mediante un lenguaje de interrogación propio. Los mensajes agrupados por meses y otros ficheros de información o programas, pueden ser solicitados al servidor mediante mensajes e-mail que contengan una serie de órdenes sencillas del lenguaje de interrogación, por cierto bastante sencillo.

Para recibir información sobre los servidores de listas basta que conozcamos la dirección electrónica de uno de ellos, ya que ese nos puede facilitar información de cómo podemos utilizarlo y la dirección de otros servidores.

Por ejemplo, si ponemos un e-mail a la dirección *LISTSERV@listserv.rediris.es* escribiendo en el cuerpo del mensaje **help**, recibiremos a los pocos minutos un e-mail con una lista abreviada de las órdenes que puede entender el LISTSERV.

A partir de ella podrás llegar a utilizar todos los servicios que los LISTSERV pueden proporcionar, y acceder a las más de 4000 listas que actualmente existen en Internet.

Sugerencia de Marty

No te desesperes si no encuentras la lista específica que buscas, ya que puede deberse a que no exista con el tema exacto de tu interés. En este caso lo mejor es buscar una lista cuyo contenido se aproxime o pueda englobar al que te interesa, que solicites al servidor (mediante *get*) alguno de los archivos con los mensajes de la lista para saber si te interesa lo que en ella se discute, o que envíes un mensaje a la lista preguntando si se trata ese tema o si alguien conoce alguna otra en la que se trate.

Algunos comandos de LISTSERV

A continuación puedes ver las órdenes habituales que aceptan la mayoría de los servidores de listas:

* **help**: proporciona una información basica sobre las ordenes que entiende el servidor.

- **Lists**: suministra una relación de listas que atiende ese servidor con una descripción más o menos detallada de cada una de ellas. La opción **list global** proporciona un listado de todas las listas existentes en BITNET, con una breve descripción de ellas.
- **SUB**scribe *<lista>* *<nombre subscriptor>*, indica al servidor que el usuario desea subscribirse a una lista determinada. La subscripción suele ser automática, pero en ocasiones el servidor requiere confirmación.
- **UNSUB**scribe *<lista>* o **SIGNOFF** *<lista>*, borra a un subscriptor de una o varias listas.
- **I**ndex, proporciona una relación de los archivos disponibles en el LISTSERV.
- **G**et archivo, da orden al LISTSERV de que envíe un archivo.
- **I**nfo, proporciona información sobre el servidor. Si no se especifica ningún archivo, el servidor envía una lista de los archivos de información disponibles para el usuario.

Existen listas de interés de todo tipo, especialmente sobre educación, investigación, cultura, aficiones, etc. Como ya te habrás imaginado, los subscriptores suelen estar repartidos por todo el mundo, con mayor abundancia en los Estados Unidos; por lo tanto, el idioma que se utiliza suele ser el inglés.

Sugerencia de Marty

Para irte enterando del tema de las news consulta el newsgroup **news.announce.newusers** que explica diferentes facetas de Usenet News.

USENET NEWS

Imagínate un tablón de notas en el que pudiera escribir mensajes, contestarlos, etc. cualquier persona del mundo, y que mediante este procedimiento pudieran mantenerse discusiones durante días, o meses. Bueno, pues básicamente eso es *USENET NEWS.*

Es algo similar a las listas, pero con la diferencia de que los mensajes no son depositados en tu buzón de correo, sino en un tablón público que puedes mirar cuando lo desees.

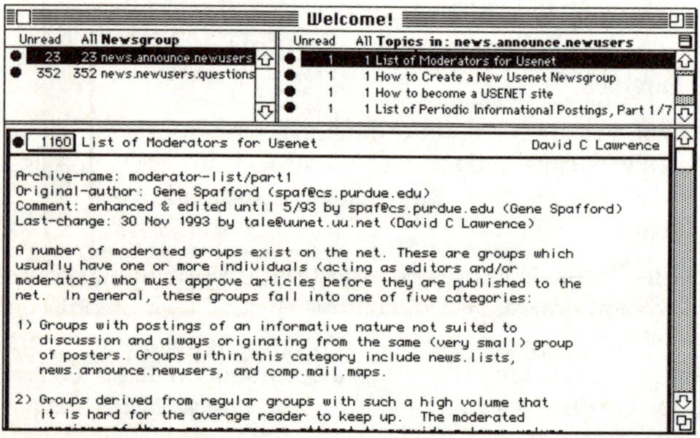

Figura 7.2. *Seleccionando grupos y news para leer*

Los mensajes de *USENET* son enviados de un host a otro a través de Internet mediante un protocolo específico el *NNTP* (*Network News Transfer Protocol*), básicamente idéntico al correo electrónico con unas cabeceras predeterminadas en las que en lugar de subject se especifica el *newsgroup* (grupo de noticias, equivalente a una lista de correos).

Como ves, la diferencia fundamental es que quien se subscribe es el host, no el usuario, y que, por otra parte, suele subscribirse a un grupo de NEWS bastante numeroso (varios miles), de manera que una comunidad pueda consultar o contestar las que les interesan. Otra diferencia con las listas es que los temas de los grupos de noticias están jerarquizados y deben ser consultados por un cliente de NEWS.

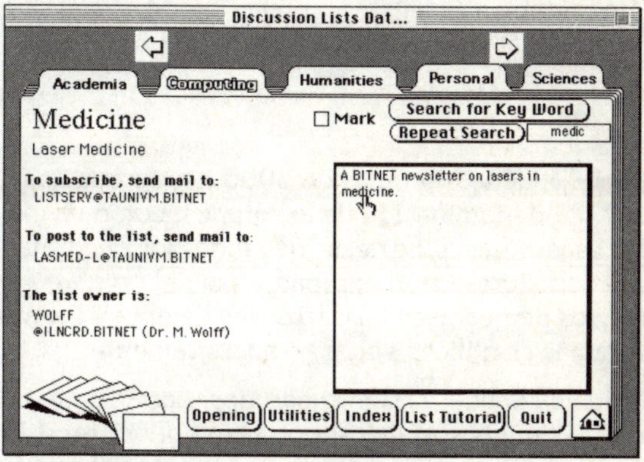

Figura 7.3. *Lista de listas de Darmouth*

Como ya habrás adivinado, existen numerosos clientes de NEWS de dominio público para la mayoría de ordenadores personales del mercado actual. Los sistemas UNIX tambien suelen incorporar uno o varios programas para consultar las news (*rn*, *nn*, *trn*, etc); pregunta al administrador de tu sistema si está subscrito a News, a qué grupos está subscrito y por el programa para leerlas.

Los clientes de NEWS permiten configurarse de manera que consulten exclusivamente los grupos de news que nos interesan, permitiendo leer, archivar y contestar los que deseemos.

Consejo de Doc

Algunos clientes de News para PC puedes localizarlos en *src.doc.ic.ac.uk /pub/mirror/win3/winsock: nx10b3.zip* (NewsExpress), *wtwsk10a.zip* (Trumpet Newsreader) y *wrn093.zip* (Waffle News Reader for Windows).

Para Macintosh, en el mismo servidor en los directorios */pub/mirror/info-mac/comm/tcp/newswatcher.hqx* y *newsreader.hqx*.

En la actualidad existen más de 5000 newsgroups en Internet. La denominación de los grupos, como ya indicamos, es jerárquica. Es decir, que todos los que tratan sobre ordenadores están agrupados bajo el nombre **comp.**; los de negocios bajo **biz.**; los de noticias **news.**; los de temas científicos **sci.** y así sucesivamente.

Dentro de cada uno existen subgrupos, hasta llegar a delimitar temas muy específicos; por ejemplo, **sci.med.imag** trata sobre imagenes médicas, **comp.protocol.tcp-ip** sobre el protocolo TCP/IP, etcétera.

Si tu host no recibe News puedes acceder a ellas por otras vías (gopher y WWW) que te comentaremos en capítulos posteriores.

De Graham Bell al “party line”

8

Conversación en Internet: Talk, IRC

Mientras Doc disfruta encontrándose en el pasado con su colega Alejandro (Graham Bell) y discuten sobre las posibilidades de las comunicaciones en el desarrollo de la sociedad, se “engancha” con sus amigos en un divertido “party line”.

En el ciberespacio existen también las comunicaciones personales o colectivas en “tiempo real”. Se puede conversar con cualquier usuario que tenga acceso directo a Internet, de forma individual o colectiva. También podemos, mediante unas sencillas herramientas, saber si nuestros posibles interlocutores se encuentran conectados en ese momento para establecer la comunicación.

Talk

`talk` *<usuario@host>*

Esta sencilla herramienta de UNIX solicita al usuario especificado una conversación "on-line" a través de la consola del ordenador.

El usuario en cuestión recibe en su pantalla (si está conectado en ese momento al host) un mensaje similar a

```
Message from Talk_Daemon@pizarro at 9:52 ...

talk: connectión requested by
rafaelp@pizarro.unex.es.

talk: respond with: talk
rafaelp@pizarro.unex.es
```

Si el usuario que recibe el mensaje teclea, a su vez, en la pantalla del ordenador

```
talk rafaelp@pizarro.unex.es
```

se establece la comunicación.

La pantalla de cada uno de los interlocutores se divide horizontalmente en dos mitades. En la mitad superior aparece el texto que escribe uno mismo, y en la inferior la que escribe nuestro interlocutor. Todo esto ocurre al tiempo que escribimos en el teclado, y aunque los dos escriban al mismo tiempo el texto aparece donde le corresponde.

Cuando se llega al final de la correspondiente media pantalla, el sistema continúa escribiendo por la parte superior pisando, línea a línea, la información escrita anteriormente. Otros sistemas de *talk* realizan un desplazamiento de la pantalla, de manera que no se pierde nada de lo escrito anteriormente.

Consejo de Doc

En *ftp.cica.indiana.edu* (o en cualquiera de sus mirrors), puede encontrarse *wtalk11.zip*, un cliente/servidor de talk para Windows.

También los encontrarás para Mac en cualquiera de los mirrors de Info-Mac, en el directorio *info-mac/comm/tcp*.

Cuando terminamos la conversación, cualquiera de los dos interlocutores puede cortar la comunicación pulsando **Control+c**.

La conexión puede establecerse de la misma forma con un colega que se encuentra en la habitación de al lado, o con otro que se encuentra en las antípodas. Lo único que puede notarse en este último caso (aparte de la diferencia de horas) es que los caracteres tecleados pueden tardar unos instantes en aparecer en pantalla si el tráfico de la Red es muy intenso en alguno de los tramos por los que pasa.

Existen programas clientes y servidores *talk* que funcionan sobre los ordenadores personales más comunes. Éstos suelen tener algunas facilidades para ver el texto, corregirlo, guardarlo, etcétera.

Mientras nuestro interlocutor no acepte conversar con nosotros escribiendo la orden correspondiente, nuestro sistema repite la petición cada minuto, hasta que se establezca la conexión o cortemos (con Control+c) la orden talk.

F inger, Who y otros "buscas"

Obviamente la comunicación puede establecerse si nuestro interlocutor se encuentra conectado en ese momento a su host. Para averiguar si esto es así existen varias ordenes UNIX.

```
finger <usuario@host>
```

Nuestro host conecta con el del usuario y le pregunta por él. La respuesta puede ser del tipo:

```
Login name: jmvega In real life: Jose Maria Vega

Office: Fisica Medica, Medicina Home phone: 299999

Directory: /mnt/jmvega Shell: /bin/tcsh

On since Feb 2 11:05:21 on ttyp4 from biomeca.unex

Project: Biomecanica Articular

Hypermedias en la Educacion.

Internet.

. ..No Plan.
```

La información que proporciona nos dice entre otras cosas si está conectado y desde dónde, desde cuándo y otra información personal que el usuario facilita a todo el que le "señala con el dedo".

Consejo de Doc

En *ftp.sunet.se*, directorio */pub/pc/windows/mirror-cica/winsock* puedes obtener tanto servidores (por ejemplo, *fingd100.zip*) como clientes (p.e. *finger31.zip*) finger para Windows.

En el directorio info-mac/comm/tcp de los mirrors info-mac puedes encontrar clientes finger para Mac. Y también en los directorios de Peter Lewis.

```
finger <@host>
```

Proporciona un lista de los usuarios conectados al host en ese mismo intante.

Hay otras ordenes similares (*users*, *who*, *rwho*, *w*) que presentan ligeras variaciones sobre la información que muestran en pantalla.

```
jmvega% w

 11:51am up 54 days, 16:06, 15 users, load
average: 1.16,

User tty login@ idle JCPU PCPU what

root console 11:05am 42:41 5 -csh[root]

operador ttyp0 9:59am 9 -csh

otri ttyp1 11:49am 1 ean

operador ttyp2 5:29pm 2 1:06 -csh

gesmat3 ttyp3 9:31am 4 4 4 telnet murillo

jmvega ttyp4 11:05am 4 w

carranza ttyp6 10:01am 1:39 ean

gesmat3 ttyp8 9:37am 8 8 8 telnet murillo

gesmat3 ttypa 10:03am 10 10 telnet murillo

gesmat3 ttypb 10:03am 4 3 3 telnet murillo

gesmat3 ttypc 10:27am 58 1 1 telnet zurbaran

eladio ttypf 11:26am 14 3 2 telnet gesred

Mayala ttyq0 11:36am 6 ean

Mayala ttyq2 11:39am 12 -csh[Mayala]

jmvega%
```

En éste último caso, además de ver los usuarios conectados, presenta en la última columna el proceso que está ejecutando cada uno.

Como habrás supuesto, finger también opera bajo el modelo cliente/servidor, y es necesario, para encontrar respuesta, que el servidor esté funcionando en el host que interrogamos. Para evitar hacer públicos un montón de nombres de usuario -como mecanismo de seguridad-, cada vez más hosts de Internet tienen cancelado el servidor finger. No es de extrañar que, aunque tu cliente funcione perfectamente, obtengas como contestación a un finger la respuesta "Service refused by remote host".

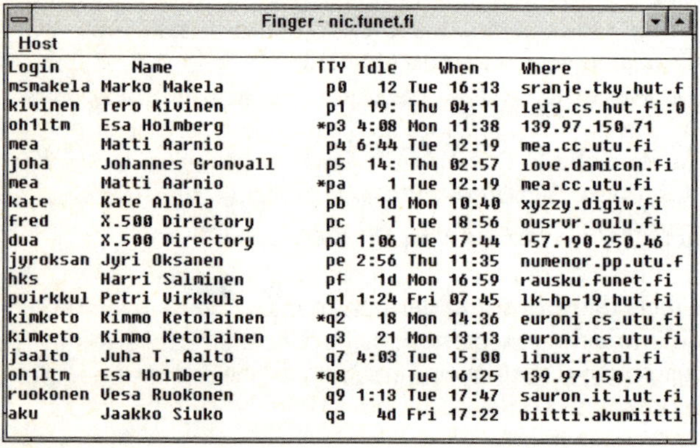

Figura 8.1. *Cliente Finger*

IRC

¿Pueden conversar más de dos usuarios al mismo tiempo por este método? Claro (en caso contrario no haría esta pregunta); hay varias maneras posibles de hacerlo. La más inmediata es abrir varias sesiones en las que se hace *talk*, y establecer en cada una de ellas comunicación con un interlocutor diferente. Pero éste, además de ser un procedimiento trabajoso y de tener limitado por el tamaño de la pantalla el número de comunicaciones que se pueden establecer, no proporciona realmente una conversación simultánea entre varias personas.

Existe un procedimiento mucho más sencillo y elegante para ello; es el IRC (Internet Relay Chat - repetidor o difusorde conversación internet).

IRC permite mantener gran número de conversaciones, cada una de ellas con un número indefinido de usuarios, situados en cualquier lugar del mundo.

IRC funciona de manera muy similar al sistema empleado por los radioaficionados; incluso utiliza en su "jerga" el término "canales". Cuando conectamos con un host que dispone del sistema IRC, podemos "sintonizar" uno de los canales que en ese momento estén activos o abrir uno nuevo. Todo lo que envía cualquiera de los participantes en la conversación es automáticamente "retransmitido" al resto de los participantes del mismo canal.

Si tu host dispone de IRC teclea **irc** y, después de pulsar la tecla de retorno, te dará un mensaje de bienvenida y un mínimo de instrucciones para poder utilizar el sistema. Teclea **/help** y te dará una relación de las órdenes que tiene disponibles. Todos las órdenes dirigidas al sistema deben ir precedidas de "/".

Consejo de Doc

Puedes encontrar en *cs-ftp.bu.edu* clientes y servidores IRC mediante FTP-anónimo.

CHAT es un servidor IRC que trabajando como tarea de fondo permite crear hasta 10 canales en un Mac. Está disponible en cualquier servidor *info-mac* en el directorio */info-mac/comm/tcp. IRCIIWIN* es un cliente IRC para Windows.

Todo lo demás que escribas aparecerá en las pantallas de los participantes en el canal al que te hayas unido, precedido de tu nombre (el que hayas elegido al entrar en el sistema).

La conexión a un sistema IRC puede hacerse con clientes específicos o mediante telnet. Una vez accedes al sistema, aparece un mensaje de bienvenida y te pregunta un nombre, que antepondrá a cualquiera de los mensajes que tú escribas en cualquiera de los canales.

```
Welcome to the Chat Room:

In the chat room, anything you say will be
preceeded by the name you choose for yourself.
Please choose the name you wish to be known by
on the chat room.

Enter your name:

Jose

Welcome...

For information on available commands, type /HELP
```

```
Users in the chat room:

Pedro - Channel "1" - General

Jose - Channel "1" -General

...
```

Los comandos de los que dispone IRC permiten listar los canales existentes, listar los participantes de un determinado canal o de todos los canales, unirte al canal que desees, cambiar de canal, enviar un mensaje a un usuario, etcétera.

Puedes conectar a clientes públicos a través de telnet

```
telnet bradenville.andrew.cmu.edu
telnet irc.santafe.edu, login: irc
```

o en Europa

```
telnet ircserver.itc.univie.ac.at 6668
```

Servidores IRC a los que puedes conectarte

Debes utilizar, preferentemente, los más cercanos:

En Europa

* nic.funet.fi
* irc.nada.kth.se
* suntrax1.cern.ch
* poly.polytechnique.fr

En el resto del mundo:

* csd.bu.edu
* ucsu.colorado.edu
* badger.ugcs.caltech.edu
* coombs.anu.edu.au
* ug.cs.dal.ca

Diccionario de smileys

La conexión a través de pantalla elimina todo contexto de la comunicación con el interlocutor, privándonos de una información muy valiosa para dar significado al contenido de la conversación. La cara, los gestos, e incluso el tono de la voz, pueden decir más que el texto escrito, dándole sentido y, en muchos casos, llegando a contradecirlo.

Para paliar en parte esta carencia, hace tiempo que se utilizan una serie de símbolos formados por tres o cuatro caracteres consecutivos y que constituyen el denominado *diccionario de smiley*. Para interpretar estos signos hay que torcer 90° la cabeza hacia la oreja izquierda.

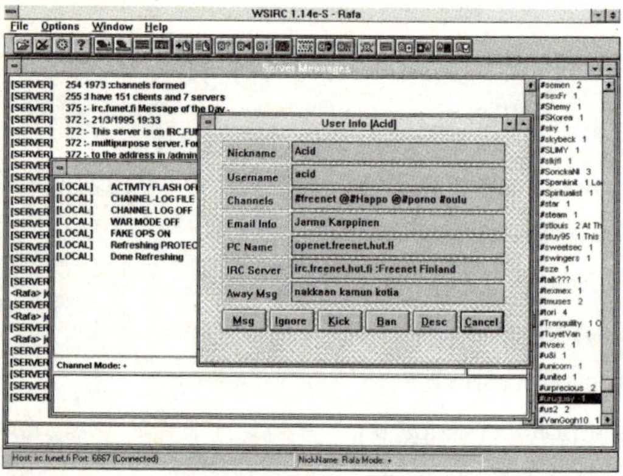

Figura 8.2. *Cliente IRC*

De esta manera podemos "ver" una cara con diferentes expresiones. Las más utilizadas te las mostramos en la tabla 8.1.

Tabla 8.1. *Los smileys más utilizados*

:-)	Símbolo básico de smileys, representa una cara sonriente. Lo que se dice es en tono jocoso.
:-(	Lo siento..., estoy triste..., es una pena...
:-I	Indiferente.
;-)	Guiño, complicidad.
8-)	Smiley con gafas.
:-O	Ooh! sorpresa.

Estos símbolos se acompañan a veces de hi, hi, hi; o de ja, ja, ja que enfatizan aun más las expresiones. La verdad es que además de ingenioso es bastante divertido, y cuando se domina, llega uno a imaginarse perfectamente la cara del contertulio ;-)

En la vieja mina

La transferencia de ficheros. FTP y Archie

Marty ha caído en una vieja mina. La extracción del mineral es un trabajo difícil y pesado, pero hay galerías en las que se encuentran filones de gran valor. Piensa ahora en las nuevas técnicas de prospección y extracción actuales y que con ellas sería mucho mas rentable la explotación de viejos recursos...

De la misma forma, en el ciberespacio existen cientos, miles de " minas" con cantidades inmensas de información esperando ser explotadas por los nuevos "ciberminero" que trabajan sobre la Red.

Aunque aún se utilizan herramientas de extracción antiguas, existen medios mucho más potentes para buscar y recoger lo que nos interesa.

FTP

La transferencia de ficheros es también de las primeras necesidades que uno se encuentra cuando conecta varios ordenadores en red. Desde los primeros tiempos de Internet se han desarrollado protocolos para transferir ficheros de unos ordenadores a otros. El *Protocolo de Transferencia de Ficheros* (FTP: File Transfer Protocol) es en la actualidad el utilizado para ello y en muchos aspectos similar al protocolo Telnet.

Opera bajo la filosofía servidor/cliente, es decir, un host es el que proporciona la información y el otro es el que la recoge o deposita en él.

FTP en UNIX3

Para hacer ftp en UNIX se invoca al cliente tecleando en la consola:

`ftp` *`nombre_host`*

A los pocos instantes se conecta con el host indicado, que nos servirá los ficheros. El host solicita un login de entrada y una password; una vez introducidos éstos, tenemos acceso al servidor y a los directorios y ficheros a los que tengamos autorización.

Al acceder por FTP, el servidor suele presentar un mensaje de bienvenida con información útil para el usuario.

Existen unos comandos básicos para explorar el árbol de directorios, listar los ficheros que contiene y transferir aquellos que nos interesan o depositar en el servidor los que deseemos (mira la tabla 9.1).

Tabla 9.1. *Algunos comandos UNIX*

ls **dir**	Listan el contenido del directorio.
cd <directorio>	Cambia el directorio actual al indicado.
cd .. **cdup**	Retroceden en el árbol de directorios.
get <*f1*> <*f2*>	Transfiere el fichero f1 del servidor a nuestro host con el nombre f2. Si se omite f2 le pondrá el mismo nombre f1.
put <*f1*> <*f2*>	Transfiere f1 de nuestro ordenador al directorio actual del servidor con el nombre f2. Si se omite f2 le queda el mismo nombre.
bye	Cierra la conexión.

Con este juego básico de comandos podemos movernos por los directorios, ver los ficheros que contienen y traer o depositar en ellos lo que nos interese.

Aviso

Al igual que cuando aprendes a copiar discos aparece automáticamente la fiebre "pirata", cuando aprendes a hacer FTP aparece la fiebre "transferente". Mantén la cabeza fría y transfiere los documentos y programas que realmente necesites en ese momento, y págalos si transcurrido el plazo indicado te siguen interesando. Ahorrarás tiempo, espacio de disco, carga innecesaria de la red y contribuirás a la mejora de la calidad de los programas shareware.

Los ficheros pueden estar en formato binario o ser ficheros de texto ASCII, de manera que debemos tenerlo en cuenta y especificarlo al servidor. La forma de hacerlo consiste en utilizar estos comandos:

binary Especifica la transferencia en binario.

ascii Especifica la transferencia en ascii

En caso de duda sobre el formato del fichero que deseas transferir, lo mejor es especificar binario.

Se pueden traer o depositar varios ficheros, especificándolo con una sola orden. En este caso podemos utilizar caracteres comodín (*) como en MS-DOS. Las ordenes son **mget** y **mput**, por ejemplo: **mget eudora*** transferiría todos los ficheros que en el directorio actual comienzan por *eudora*.

Estas son las ordenes mínimas para hacer FTP. Si necesitas saber más, siempre puedes pedir ayuda a tu host desde dentro de la aplicación (**help**) o al servidor al que estés conectado (**remotehelp**). Te proporcionará un listado de los comandos que acepta junto con una breve descripción.

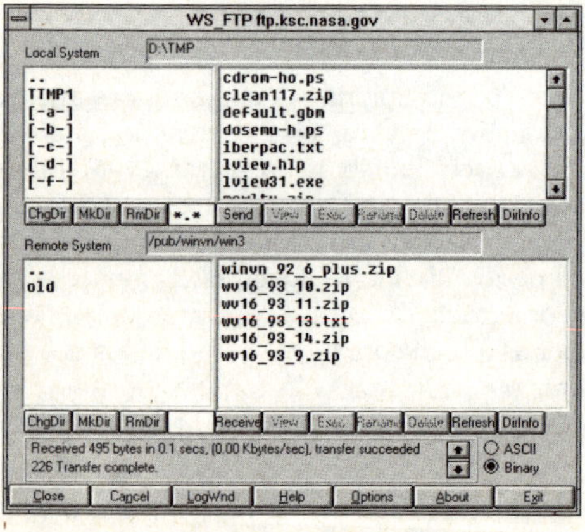

Figura 9.1. *Cliente FTP*

Otros clientes FTP

Obtener los ficheros mediante una interfaz de línea de comandos no es que sea difícil, pero casi tan trabajoso como extraer el mineral con pico y pala.

Afortunadamente existen numerosos clientes FTP que operan bajo entornos gráficos de usuario mucho más intuitivos y fáciles de utilizar.

Habitualmente, este tipo de clientes presenta los ficheros y directorios mediante iconos, y al hacer clic o doble clic con el ratón sobre ellos nos permite seleccionarlos o transferirlos a nuestro ordenador. Suelen "recordar" los directorios explorados de manera que es muy rápido volver sobre ellos.

En general permiten realizar una selección múltiple de ficheros para transferir, así como traer o depositar directorios (carpetas) completos con todos los subdirectorios

Sugerencia de Marty

Hay auténticas maravillas de la descompresión. Stuffit Expander (3.5 o posterior) para Mac es una de ellos. Aparte de ser *freeware*, al arrastrar cualquier icono de un fichero comprimido por Stuffit, CompactPro, Applelink, Binex4, gzip, y otros, lo descomprime colocándolo donde deseemos, elimina los ficheros ya descomprimidos (si queremos), "mira" periódicamente en una carpeta si hay ficheros para descomprimir e incluso puede ser programado mediante Applescript o Frontier.

En el entorno Windows, WinZip es un *front-end* de desempaquetado que puede configurarse para manejar casi todos los formatos de compresión habituales.

que contienen, lanzar varias peticiones de transferencia a la vez, etcétera.

También permiten guardar los datos del usuario y los de los hosts a los que hacemos ftp con más frecuencia, liberándonos así de la tediosa tarea de teclearlos cada vez.

Muchos de ellos incorporan la posibilidad de desempaquetar y descomprimir los ficheros que se encuentran en los formatos más habituales de empaquetado y compresión (consulta el siguiente capítulo).

Existen servidores FTP para ordenadores personales que trabajan como tarea de fondo. Ocupan muy poca cantidad de memoria y tiempo de proceso y nos permiten poner ficheros a disposición remota mediante este protocolo.

Compresión y codificado de ficheros

Para facilitar el almacenamiento y minimizar el tiempo de transferencia, los ficheros disponibles por ftp suelen guardarse comprimidos y/o codificados. Esto se consigue mediante programas específicos que eliminan redundancias en la información, unen varios ficheros en uno solo o transcriben información binaria en hexadecimal o viceversa.

Los formatos para comprimir y empaquetar la información y los programas que los gestionan son mucho más numerosos de lo que cualquier humano pudiera desear, nadie es perfecto..., pero, como en el caso de los enchufes, siempre hay una utilidad que entiende el formato con el que nos encontremos.

En cualquier caso, hay una serie de formatos que son los más utilizados y, en general, cada ordenador o sistema operativo tiene algunos más usuales, aunque pueda también utilizar los otros. Siempre podrás encontrar utilidades de dominio público para descomprimir la información que te interesa. Los formatos más habituales aparecen en la tabla 9.2.

Tabla 9.2. *Formatos más habituales de compresión*

Extensión	**Comprensión**	**Descomprimir con**
.txt y .doc	Ninguno	no necesita
.ps	Postcript	A impresora postcrip
.z	PACK (UNIX)	unpack
.Z	COMPRESS (UNIX)	uncompress
.zip	PKZIP (MSDOS)	PKZIP
.gz	GZIP (UNIX)	gunzip
.arc	ARC (MSDOS)	ARC, PKXARC, PKUNPZK
.lzh	LHA (MSDOS)	LHA
.arj	ARJ (MSDOS)	ARJ
.shar	SHAR (UNIX)	unshar
.tar	TAR (UNIX)	tar
.hqx	BINEX (MAC)	BINEX
.sit	Stuffit (MAC)	Stuffit
.cpt	CompactPro (MAC)	CompactPro

FTP-anónimo

En Internet hay un gran número de hosts (más de 7000) que ponen su información (cada uno de ellos puede tener varios Gb) a disposición de la comunidad mundial a través de FTP; son los servidores *FTP-anónimo*. Para acceder a la ingente cantidad de información que contienen sólo debes conocer su dirección electrónica, ya que todos ellos permiten el acceso utilizando como login la palabra *anonymous* y escribiendo como password tu dirección electrónica.

Nota

Aunque se ha indicado un sistema operativo al lado de cada formato de compresión o codificado, cada sistema tiene des/compresores que pueden des/comprimir en formatos de otros sistemas.

La información se encuentra organizada en directorios que nos permiten llegar a lo que nos interesa.

Aunque existen servidores FTP-anónimo especializados en determinado tipo de software, por lo general, pueden contener información o programas de lo más variado.

Nota

Peter Lewis ha desarrollado gran cantidad de software shareware y freeware para trabajar en red. Puedes encontrarlo por FTP-anónimo en *nic.switch.ch:/mac/software/peterlewis/* o en *amug.org:/pub/peterlewis/*

Archie

Encontrar la información que necesitamos explorando con un cliente en los servidores FTP-anónimo es más difícil que encontrar una aguja en un pajar.

Afortunadamente existen en la Red una serie de host que llevan una relación actualizada (aunque no tanto como sería deseable) de los ficheros disponibles en servidores FTP-anónimo. Son los servidores *Archie*.

En ellos podemos buscar por el nombre del fichero que deseamos encontrar. Al cabo de unos segundos de consulta en su base de datos, el servidor Archie proporciona una relación de los servidores FTP-anónimo que tienen ficheros o directorios en cuyo nombre aparece la palabra que hemos indicado, la vía de acceso completa donde se encuentra, su nombre exacto, el tipo de fichero, tamaño, y alguna otra información.

Los servidores Archie pueden consultarse por varias vías.

Sugerencia de Marty

Aunque los servidores FTP-anónimo suelen verificar los programas que ponen a disposición pública, es conveniente que los pases por la versión más reciente del antivirus que tengas. Mira en tu FTP-anónimo favorito para obtener la versión más reciente de los antivirus shareware.

Conexión telnet con Archie

Es la manera más primitiva y "dura" de consulta, ya que debemos utilizar un lenguaje de comandos, pero tan sencillo como teclear:

```
telnet archie.rediris.es
login: archie
```

después de un mensaje de bienvenida tecleamos

```
prog nombreprograma
```

a los pocos segundos proporcionará la lista de los servidores FTP-anónimo que contienen el fichero o directorio pedido.

Para cerrar la conexión escribimos **bye**.

En la búsqueda podemos especificar otros parámetros, como el número máximo de items que se desean encontrar, que la palabra que se busca coincida exacta o parcialmente con la propuesta, que ignore o no las mayúsculas, etc. Una descripción detallada de las opciones de archie puedes obtenerla solicitándole ayuda interactiva con **help**.

Clientes Archie

Para facilitar la búsqueda de ficheros en los servidores FTP-anónimo existen numerosos clientes Archie para las diferentes plataformas de ordenadores actuales.

En ellos suele especificarse en una ventana el nombre (completo o parcial) del fichero que se desea buscar y él se encarga de conectar con el servidor especificado en la configuración. Presenta el resultado en una ventana indicando si es un directorio o fichero y el resto de la información que proporciona el servidor (ubicación, tamaño, fecha de actualización, etcétera).

Algunos clientes Archie incorporan también clientes FTP de manera que haciendo doble clic sobre los items del listado que proporciona como resultado de la búsqueda, conecta con el servidor FTP que contiene el fichero seleccionado, lo trae a nuestro ordenador e incluso, en algunos casos, lo descomprime y coloca en el lugar previamente asignado.

Uno de estos clientes que merece que su autor sea nominado para los Oscar del shareware para FTP es *Anarchie* de Peter Lewis.

Anarchie establece una conexión FTP con el servidor Archieque se haya elegido al hace doble clic sobre uno de estos documentos. Accede como usuario anónimo y hace un get del documento indicado trayéndonos dicho documento a nuestro Mac.

Una vez ha transferido el documento completo, lo desbinhexa, descomprime y coloca en la carpeta que tengamos especificada.

Si el icono sobre el que hacemos doble clic es una carpeta, abre una nueva ventana en la que nos muestra su contenido. Todo esto no tendría nada de extraordinario si no fuera porque puede lanzar simultáneamente un montón de peticiones (tantas como soporte la memoria asignada) y su funcionamiento es de una solidez increíble. Por si le faltara algo, este cliente archie-ftp puede además ser programado mediante Applescript o Frontier.

El cliente WS_ARCHIE (**wsarch06.zip** en **cica**) para Windows puede configurarse para invocar al cliente FTP de nuestra elección cada vez que hagamos doble clic en un nombre de fichero.

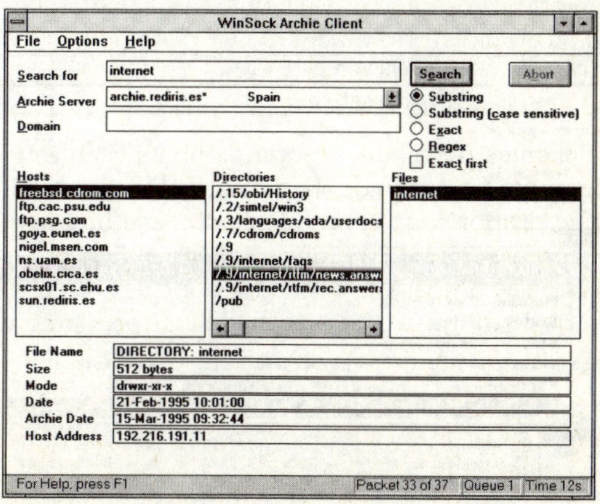

Figura 9.2. *Cliente Archie*

FTP y Archie a través de correo electrónico

Si no tienes una conexión directa a Internet y no puedes, por tanto, hacer FTP o buscar en Archie, existe la posibilidad de acceder a estos servicios a través del correo electrónico.

Para consultar Archie por correo electrónico envía un mensaje a **archie@archie.yy.zz** poniendo **help** en el cuerpo del mensaje y dejando en blanco el asunto (subject). A los pocos minutos recibirás la respuesta con una lista de todos los servidores Archie que puedes consultar por e-mail y los comandos que acepta para las búsquedas.

La búsqueda más sencilla que puedes realizar por e-mail es escribir en el cuerpo del mensaje

`find` *`nombreprograma`*

Puedes solicitar varias búsquedas al mismo tiempo escribiendo el *nombreprograma2 nombreprograma3*, y así

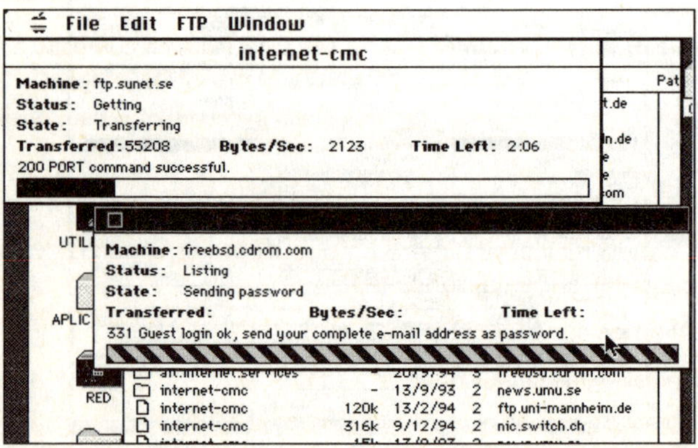

Figura 9.3. *Pantalla Anarchie*

sucesivamente, separándolos por un espacio, a continuación de *nombreprograma*.

De igual forma puedes realizar una transferencia de ficheros desde un servidor FTP-anónimo a través del correo electrónico. Existen numerosos servidores de ficheros por e-mail. Para obtener una lista completa de ellos envía un mensaje a **mail-server@rtfm.mit.edu** escribiendo exactamente en el cuerpo

```
send usenet/com.sources.wanted/How_to_find
_sources_(READ_THIS_BEFORE_POSTING)
```

(omite el retorno de carro que "parte" BEFORE y que aparece aquí por problemas de espacio)

Si solicitas **help** a cualquier mail-server, te dará una descripción completa de los comandos que puede entender.

Para hacer FTP-anónimo a cualquier servidor escribe un mensaje a **ftpmail@decwrl.dec.com** dejando en blanco el subject y escribiendo en el cuerpo un texto similar a:

reply usuario@host	tu dirección e-mail
connect servidorftp	dirección del servidor
binary	especifica binario
get directorio/fichero	especifica el path completo del fichero que se quiere pedir
...	igual que el anterior para otros ficheros
quit	termina

Cuando recibas el fichero en tu buzón quizás debas desempaquetarlo... y utilizarlo.

Algunos servidores ftp-mail son:

ftpmail@grasp.insa-lyon.fr	(Francia)
ftpmail@doc.ic.ac.uk	(Reino Unido)
bitftp@vm.gmd.de	(Alemania)

ftpmail@ftp.inf.tu-dreden.de	(Alemania)
bitftp@plearn.edu.pl	(Polonia)
ftpmail@sunsite.unc.edu	(USA/NC)
bitftp@pucc.princeton.edu	(USA/NJ)
ftpmail@cs.uow.edu.au	(Australia)

En la biblioteca

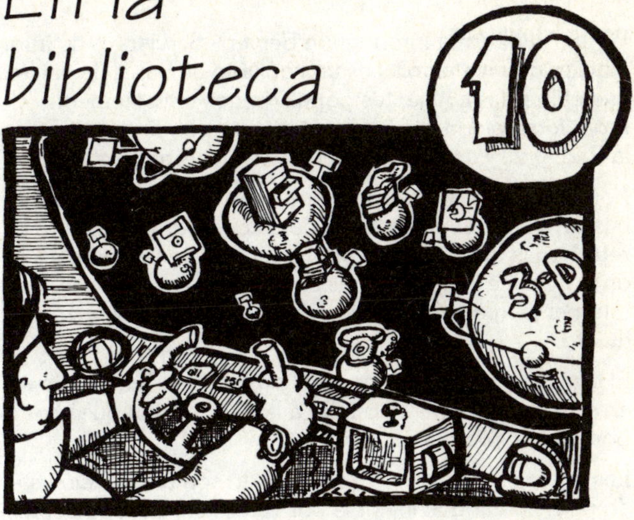

Acceso a bases de datos. WAIS

Doc necesita conocer unos datos clave para desenmarañar uno de los líos en los que se ha metido. La biblioteca contiene la información que él necesita, pero es tan tedioso y lento encontrarla...

Archie es una herramienta que simplifica enormemente la búsqueda de documentos o ficheros en la Red, pero con él sólo puedes buscar aquellos documentos que se encuentran en servidores FTP-anónimo, sólo por el nombre del documento, y con unas opciones algo rudimentarias (no permite búsquedas booleanas).

WAIS

WAIS (Wide Area Information Server - Servidores de información de área amplia) es un conjunto de bases de datos que utiliza dos conceptos popularizados recientemente: el *modelo servidor-cliente* ya citado para otros servicios de la Red, y las *bases de datos de texto completo*.

Por un lado, WAIS proporciona al usuario la capacidad de buscar en una serie de bases de datos de artículos, libros, referencias, resúmenes o información especializada, y por otro, permite a las personas o entidades hacer pública en Internet la información que deseen con poco esfuerzo y dinero.

El usuario, al igual que en otros servicios, utiliza un cliente en su ordenador para acceder a la información que proporciona el programa servidor.

Las bases de datos de texto completo son un modelo usado para buscar documentos por cualquiera de las palabras que contienen (no sólo en el título). Una aproximación

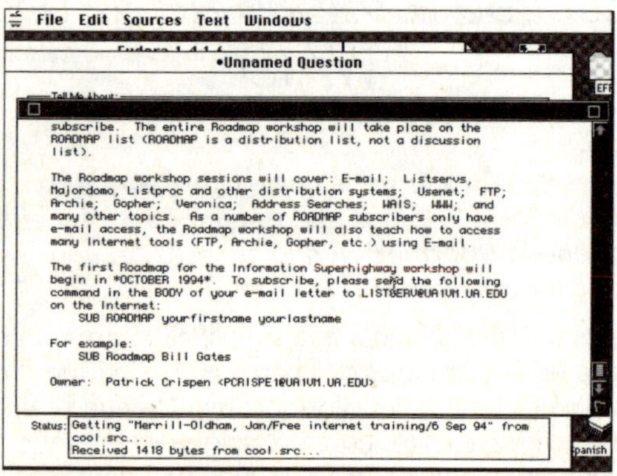

Figura 10.1. *Recuperando un documento con WAIS*

son las bases de datos que utilizan la búsqueda por descriptores o palabras clave.

Los servidores WAIS suelen funcionar sobre grandes ordenadores o estaciones de trabajo con sistema UNIX, aunque algunos servidores de archivos incorporan bases de datos de texto completo (applesearch) con gateways que permiten servir WAIS. Los clientes pueden ejecutarse sobre cualquiera de los ordenadores personales actuales.

Conceptos WAIS

Los conceptos que hay que destacar en WAIS son la *base de datos*, el *documento*, la *fuente* (source) y la *relevancia* de los documentos (*hit* - número de aciertos).

La fuente es un texto corto que describe cómo el cliente puede acceder a la base de datos. Generalmente proporciona el nombre de la base de datos, el host donde se encuentra, el programa servidor y una breve descripción del contenido de la base de datos.

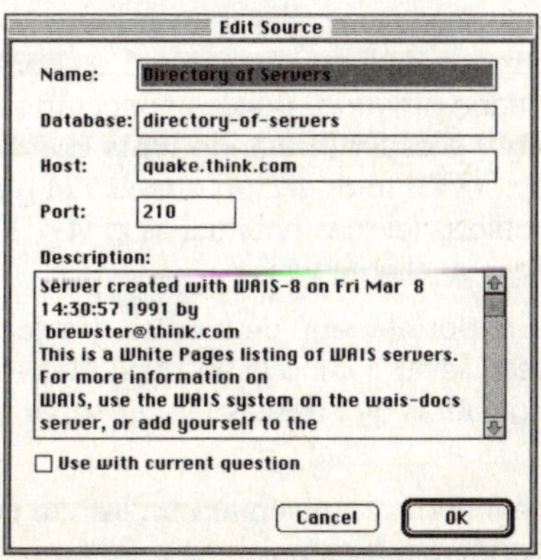

Figura 10.2. *Fuente WAIS*

El documento es la unidad básica que presenta el servidor como resultado de una búsqueda. Cada base de datos suele contener una ingente cantidad de documentos. Cuando el servidor termina una búsqueda, proporciona al cliente una lista de los documentos encontrados ordenados según el número de aciertos que ha conseguido de la palabra buscada, e indicando dicho número a su izquierda.

Seleccionando uno o más de los documentos, podemos leerlos en pantalla o traerlos a nuestro ordenador. Los documentos no tienen que ser solamente textuales; también pueden ser imágenes, programas, sonidos o documentos multimedia.

Algunos clientes permiten seleccionar varias fuentes al mismo tiempo, realizando entonces la búsqueda en varias servidores WAIS. En otros, además, se puede perfilar aún más la búsqueda diciéndole que buscamos documentos similares a uno o más de los que ya ha encontrado y que se ajustan a lo que deseamos.

Clientes WAIS

Mediante telnet puedes acceder a los clientes WAIS que funcionan en modo de línea de comandos sobre UNIX. Si tu host no tiene ninguno, puedes conectarte a **quake.think.com** y acceder tecleando **wais** cuando te pregunte el login. Teclea tu dirección e-mail y el tipo de terminal que utilizas (el más habitual es el vt-100) y te permitirá utilizar su cliente wais.

Puedes moverte por el menú de fuentes, y seleccionar en la que deseas llevar a cabo la búsqueda tecleando "/". Introduce las palabras que deseas buscar separadas por espacios.

A los pocos segundos te presentará un listado de los documentos que contienen esas palabras y el "tanteo" de cada uno de ellos. Es decir, los que pueden aproximarse más a lo que buscas aparecen en la parte superior de la lista. Selecciona (moviéndote con las flechas del teclado) el que desees y al pulsar retorno te mostrará su contenido por la pantalla.

Consejo de Doc

Puedes encontrar clientes WAIS para Windows Sockets en *cica: ewais200.zip, wwais103.zip* y para Mac en los servidores *info-mac* en el directorio **i***nfo-mac/comm/tcp.*

Si deseas una información más detallada de los comandos WAIS, teclea **help** y recibirás un listado de los comandos con una descripción sobre cada uno de ellos.

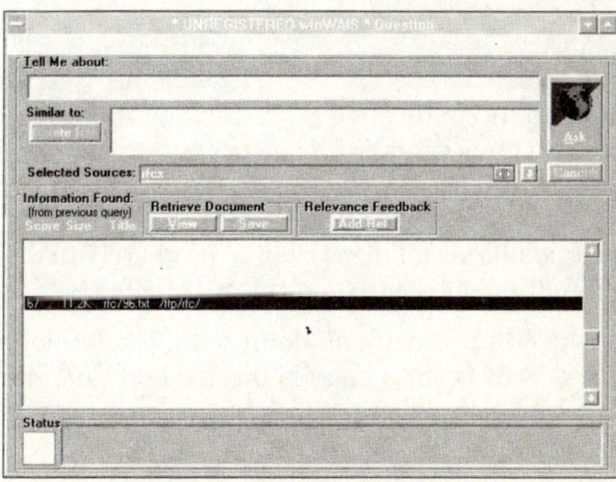

Figura 10.3. *Cliente WAIS*

Horadando el ciberespacio...

Gopher

Cuando Marty encuentra un sistema de túneles que horadan el terreno, el paso de unos lugares a otros se simplifica y viajar por el ciberespacio se convierte en un sistema de navegación a través de una intrincada red de conexiones...

Gopher

Las primeras herramientas que hemos descrito para trabajar en la red permitían comunicar una máquina con otra, pero el intercambio de información ocurría sólo entre ellas dos. Ya con Anarchie y con WAIS podemos buscar y seleccionar documentos que se encuentran en diferentes lugares de la Red.

Gopher tiene un cierto parecido con estas últimas herramientas, pero es mucho más potente, y el concepto de navegación a través de la red comienza a adquirir verdadero significado.

También opera bajo la filosofía servidor-cliente. La conexión entre ellos está muy simplificada y no se mantiene abierta cuando no se transfieren datos (como ocurría en el caso de archie, ftp o telnet), ya que el propio protocolo la corta una vez realizada la transferencia, liberando así al servidor-cliente de la conexión y permitiendo un servicio más eficaz.

Gopher organiza la información en forma de menús jerárquicos. Cuando el cliente gopher establece una conexión, el servidor le envía la lista de items que tiene disponibles. En la pantalla del cliente aparecerán, junto a cada uno, un icono o una abreviatura indicativos del tipo de ítem que es.

Los tipos de ítem que pueden aparecer son:

- Un documento de texto.
- Un directorio.
- Herramientas de búsqueda.
- Un programa (UNIX, Mac o PC).
- Una conexión por telnet.
- Otros.

En el caso de que la interfaz del cliente sea de línea de comandos, podemos seleccionar el ítem que queramos desplazándonos con las teclas flecha arriba y flecha abajo y pulsando la tecla de retorno.

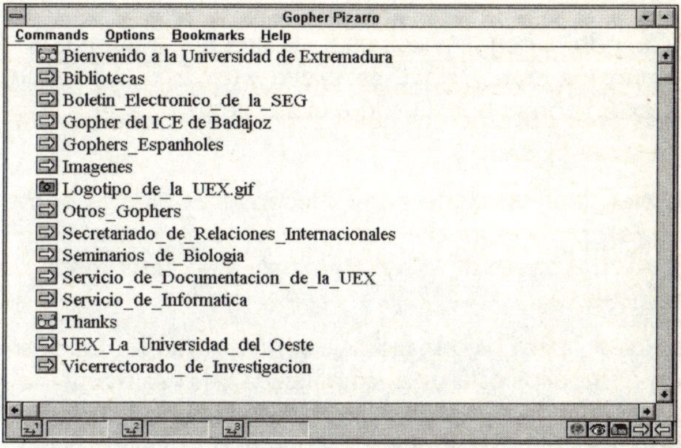

Figura 11.1. *H-Gopher*

En los clientes con entorno gráfico de usuario (Macintosh, Windows o X-windows) basta con hacer doble clic sobre el icono que deseemos.

- Si el ítem seleccionado es una carpeta o directorio nos dará un listado de su contenido en la misma forma.
- Si el ítem es un documento de texto, lo lista en nuestra pantalla y nos permite leerlo, guardarlo o simplemente ignorarlo.
- Si el ítem seleccionado es un programa (Mac, DOS, UNIX o cualquier otro) lo transferirá a nuestro ordenador. Lo mismo hará si se trata de una imagen. Algunos clientes permiten lanzar, una vez terminada la transferencia, una aplicación de descompresión o de visualización de la imagen en cada caso.
- Si hacemos doble clic sobre una herramienta de búsqueda, nos presentará un cuadro de diálogo en el que

podemos escribir una o varias palabras que deseamos buscar. Las herramientas de búsqueda permiten consultar numerosas bases de datos: archie y WAIS entre otras.

* Cuando el ítem seleccionado es una herramienta de conexión como telnet, establece a través de ella la conexión con el host ligado a dicho ítem.

Nota

Gopher es una ardilla de tierra, propia del estado de Minnesota y mascota de dicho estado americano. Se suele denominar también así a los habitantes de este estado. Un equipo de la universidad de Minnesota ha sido el que ha desarrollado esta portentosa herramienta de comunicación a través de Internet.

Ventajas del Gopher

Hasta ahora es relativamente parecido a WAIS, pero la diferencia fundamental es que los items indicados no tienen por qué estar en el propio servidor, ya que pueden ser marcas o ligaduras a items que se encuentran en otro servidor gopher diferente.

Se establecen así una serie de conexiones entre los diferentes servidores gopher, creando una extensa red a través de la que podemos navegar saltando de uno a otro hasta encontrar y recoger la información que nos interesa.

Si alguno de los ítems mostrados nos interesa para posteriores ocasiones, gopher permite marcarlo y guardarlo en una lista de marcas personales (*bookmarks*).

La lista de marcas puede actualizarse incorporando otras nuevas o eliminando alguna de las existentes a medida que utilizamos el cliente.

La organización de la información se hace mucho más fácil y lógica, ya que no tenemos por qué guardar la propia información sino sólo una referencia a ella. Se libera así a los servidores y a los clientes de ocupar ingentes cantidades de memoria con información que está en otros lugares de la red.

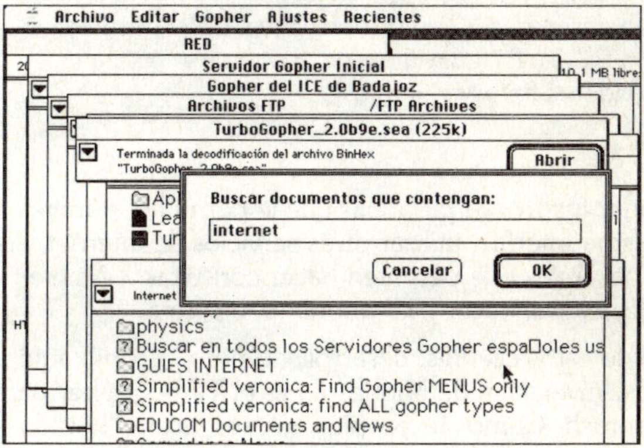

Figura 11.2. *Turbogopher*

Las funciones descritas pueden realizarse desde cualquiera de los clientes gopher disponibles, bien sean de interfaz textual o gráfica.

Los clientes gráficos permiten, además, otras funciones que facilitan el trabajo. Por ejemplo, cambiar la tipografía, abrir varias ventanas al mismo tiempo, lanzar nuevas conexiones mientras esperamos recibir la información, lanzar aplicaciones auxiliares para descomprimir, visualizar imágenes, etcétera.

Nota

Existe una versión Turbogopher traducida al castellano por Manuel P. Ayala. Se encuentra en el gopher del ICE de la Universidad de Extremadura (*teice.unex.es*). Gracias Manolo, y que cunda el ejemplo.

Hay bastantes clientes gopher para Windows disponibles en la Red. Uno bastante sólido es Hgopher en su versión 2.4 (*hgoph24.zip*). Aunque se oye por la Red que va a desaparecer como shareware y que lo comercializará PC/FTP, todavía puede encontrarse en algunos servidores ftp-a (*ns.uam.es*)

Gopher incorpora pasarelas que le permiten, a través de la misma interfaz, utilizar otros servicios de Internet. Así hay pasarelas que permiten hacer consultas a Archie, WAIS, News, hacer FTP-anónimo, etcétera.

Uno de estos clientes, desarrollado por el propio equipo de la Universidad de Minnesota es el Turbogopher para Macintosh. Como sus propios autores dicen: "horada la Internet bajo el protocolo TCP/IP. La velocidad optimizada de este cliente se consigue utilizando software *turbopropulsado*; los bits salientes hacen girar una turbina que empuja a los bits entrantes".

La realidad es que, más que aumentar la velocidad de obtención de documentos o directorios, lo que hace es presentarlos a medida que los va recibiendo, y, como podemos hacer otras conexiones al mismo tiempo, ir leyendo unos documentos mientras recibimos otros, etc., optimiza el trabajo ahorrando mucho tiempo.

Cuando comienzas a recibir un documento o menú que no te interesa, puedes cortarlo y no perder más tiempo.

Turbogopher "recuerda" cualquiera de los menús mostrados durante una sesión (aunque hayamos cerrado las correspondientes ventanas). Ésta es otra de las funciones que le permite ahorrar tiempo al no tener que conectar de nuevo con el servidor y cargar información que ya hemos tenido en nuestro cliente.

Consejo de Doc

Puedes encontrar clientes y servidores gopher para diferentes plataformas, así como documentación sobre el protocolo en *boombox.micro.umn.edu:pub/gopher*.

Veronica

No es el nombre de la novia de uno de los autores del equipo gopher (¿o quizás sí?), sino el acrónimo de la frase:

Very Easy Rodent-Oriented Net-wide Index to Computerized Archives.

Es decir, es un índice de la red de servidores gopher, muy fácil de usar. Para entendernos, veronica es a gopher lo que archie es a FTP-anónimo.

Su consulta es tan fácil como cualquiera de las otras herramientas de búsqueda que posee gopher. Al seleccionar el ítem Veronica se abre un cuadro de dialogo en el que podemos especificar la palabra o palabras que deseamos buscar. Pulsando OK o la tecla de retorno, comenzará la búsqueda, que nos proporcionará una lista de items (directorios, documentos, programas, etc) que cumplen la condición especificada en el cuadro de diálogo.

Veronica permite perfilar mejor las búsquedas que Archie, ya que posibilita intercalar elementos booleanos (*and*, *or*, *not*) en la cadena de búsqueda, especificando opciones tales como el número máximo de items, restringir los ítem a un tipo determinado (programas, directorios), etcétera.

Puedes encontrar una descripción más detallada de estas opciones en el documento "How to compose veronica queries" que suele encontrarse junto al ítem de búsqueda de veronica.

Las búsquedas veronica pueden realizarse sobre todo el gopherespacio o solamente sobre directorios.

Atrapados en la telaraña

12

W.W.W.

...y casi sin darse cuenta, quedan atrapados en una inmensa telaraña que envuelve nuestro mundo. Escapar de ella es una tarea casi imposible; el veneno del maldito bicho mantiene como hechizados a nuestros héroes.

Word Wide Web (literalmente una telaraña que envuelve el mundo) es una de la más recientes y espectaculares herramientas de Internet. La que más ha contribuido a su popularización, la que más tráfico genera en la Red y la que puede llegar a colapsar todos los demás servicios si no se utiliza con moderación y se aumenta la capacidad de transmisión de las actuales lineas de comunicación.

Hoy día cualquiera ha oído hablar de Mosaic, ha leído algo sobre WWW en revistas de informática o en semanarios y periódicos o ha visto alguna de sus imágenes en algún programa de televisión.

¿Qué es lo que ha hecho tan popular y conocido este servicio de Internet? Básicamente, el hecho de ser muy fácil de utilizar por su interfaz gráfica totalmente intuitiva y por lo espectacular de la presentación de los documentos hipermedia que muestra.

Pero veamos en qué consiste. Cuando lanzas un cliente WWW (como ya habrás adivinado opera bajo el modelo servidor-cliente) aparece en pantalla un documento en el que hay texto con imágenes e iconos incluidos.

Algunas de las palabras están subrayadas y en otro color (generalmente azul), y alguna de las imágenes o iconos presentan un marco también de color. Al pulsar, mediante el ratón, sobre una de estas "zonas sensibles", aparece otro documento similar que proporciona más información referente a la palabra o imagen señaladas. Otros iconos o palabras, al ser pulsados, pueden reproducir un determinado sonido o mostrar una película de vídeo, etcétera.

Esta manera de operar se suele denominar "navegar por la información", metáfora que se ajusta bastante bien a la sensación que produce poder moverse en la dirección que uno desea para explorar los documentos así preparados.

Este tipo de documentos se denominan *hipermedias* y, aunque hasta hace poco tiempo no han comenzado a ser conocidos, el término fue acuñado por Ted Nelson en el año 65. Anteriormente, la idea de ligar documentos de todo tipo mediante lazos que relacionaran la información de manera similar a como lo hace la mente humana, fue propuesta por Vannevar Bush en 1945, antes incluso de que se construyera el primer ordenador.

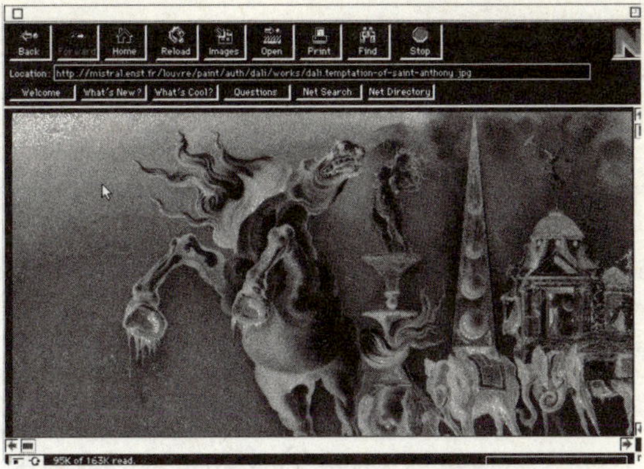

Figura 12.1. *Dali en el WebMuseum del Louvre*

El protocolo seguido para transmitir por la Red este tipo de documentos es el HTTP (*HyperText Transfer Protocol*) y los documentos que proporciona el servidor WWW están escritos en el lenguaje HTML (*HyperText Markup Languaje* -lenguaje de marcas hipertexto).

Realmente estos son documentos de texto en los que hay determinadas marcas (en este caso encerradas entre los signos <>) que el cliente puede interpretar.

En dichas marcas se especifica el formato del texto, si hay una imagen, sonido, película u otro tipo de documento, dónde se encuentra la imagen que debe mostrarse en pantalla o el documento ligado a la palabra sensible, etcétera.

Localizador unificado de recursos

Para especificar la localización precisa, sencilla y homogénea de los documentos servidos por WWW se ha definido el URL (*Uniform Resource Locator*).

El URL formaliza la localización de recursos accesibles por cualquiera de los servicios Internet comentados hasta ahora o que puedan ser desarrollados en el futuro. Es una cadena de caracteres en la que se especifican:

`URL:protocolo://host:puerto/vía/nombre`

URL	Es el prefijo de un URL y puede omitirse.
Protocolo	Especifica el protocolo a través del que se accede al documento. Pueden ser http (para documentos servidos a través de WWW); gopher cuando los sirve un gopher; ftp (para transferencia de ficheros); mailto (por correo electrónico); news (documento de un servidor de News); telnet (para acceso por emulación de terminal); wais, etcétera.
Host	Especifica el nombre o IP del ordenador en el que se encuentra.
Puerto	El número del puerto de acceso. Cada protocolo suele tener reservado un puerto por defecto y no suele especificarse; si fuera diferente del puerto habitual, hay que especificarlo.
Vía	Especifica la vía de acceso completa al directorio en el que se encuentra el documento, separando mediante barras "/" los nombres de los subdirectorios.
Nombre	Especifica el nombre del documento. Tanto la vía como el nombre que tienen en cuenta a las mayúsculas por lo que es importante que aparezcan tal cual, con las mayúsculas que tengan en su sitio.

Algunas partes del URL pueden omitirse. Por ejemplo en el caso de acceso por FTP-anónimo se omite el login (que se sobreentiende *anonymous*) y el password.

Esta sencilla manera de identificar y localizar los recursos permite establecer las ligaduras en cualquier lugar del documento y acceder a ellos a través de una única interfaz.

Al igual que ocurría en gopher, WWW dispo relas (*gateways*) para acceder a los otros servicios. Est pasarelas convierten los documentos originales en otros que el cliente WWW pueda mostrar.

Cuando un documento al que se accede no puede ser mostrado por el cliente WWW, puede lanzar aplicaciones auxiliares que le permiten abrirlo y mostrarlo. De esta manera podemos escuchar sonidos, ver películas QuickTime o MPEG, abrir un documento escrito con un procesador de texto, o una hoja de calculo, etc, etc. ¿Hay quien dé más?

Nota

QuickTime y MPEG son dos formatos de compresión de películas digitales habitualmente utilizados en los documentos servidos en WWW.

Existen visualizadores de dominio público para estas películas en los mirrors habituales.

Clientes WWW

El proyecto WWW fue desarrollado inicialmente por el CERN (Laboratorio Europeo de Física de Partículas en Suiza), aunque en la actualidad son muchos los participantes que colaboran activamente en él.

Hasta la aparición de clientes WWW gráficos, en los que mostraban las imágenes junto al texto y las ligaduras, no se popularizó este medio en la Red.

En 1992 NCSA (National Center for Supercomputer Application) desarrolló MOSAIC para entornos gráficos

(Macintosh, Windows y X-windows) y comenzó la explosión de la *telaraña*.

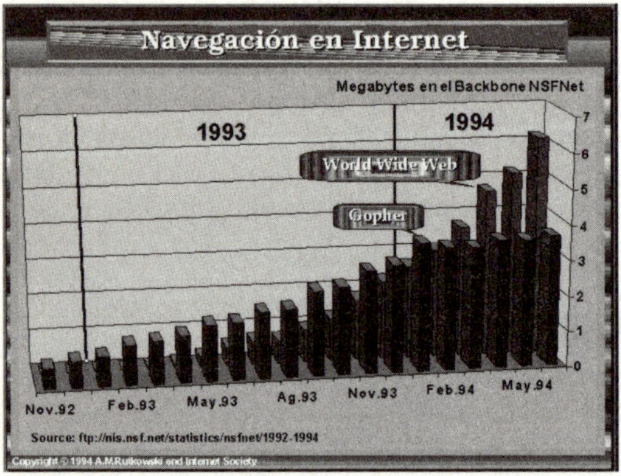

Figura 12.2. *Tráfico Gopher versus WWW*

Gopher tuvo un crecimiento espectacular durante el año 1992, pero al poco tiempo, el tráfico generado por WWW superó con creces a éste. Pero quizás lo más significativo sea la tendencia, que en el caso de Gopher se ha estabilizado mientras que WWW sigue con un crecimiento exponencial.

En la actualidad existen numerosos clientes para las distintas plataformas del mercado, aunque las más populares son *Mosaic* de NCSA en su versión 2.0.X para Mac, Windows y X-windows; *MacWeb* y *WinWeb* de Einet y la más reciente *Netscape* también para Mac, Windows y X-windows.

Esta última es sin duda (al menos por el momento) la más rápida, sólida y completa de todas. Ha sido desarrollada por parte del equipo que estuvo trabajando en Mosaic de NCSA.

Todas ellas son de dominio público y puedes conseguirlas por FTP-anónimo en

MOSAIC

`URL:ftp://ncsa.uiuc.edu/mosaic/`

MacWeb-WinWeb

`URL:ftp://ftp.einet.net/einet/`

Netscape

`URL:ftp://ftp.mcom.com/netscape/`

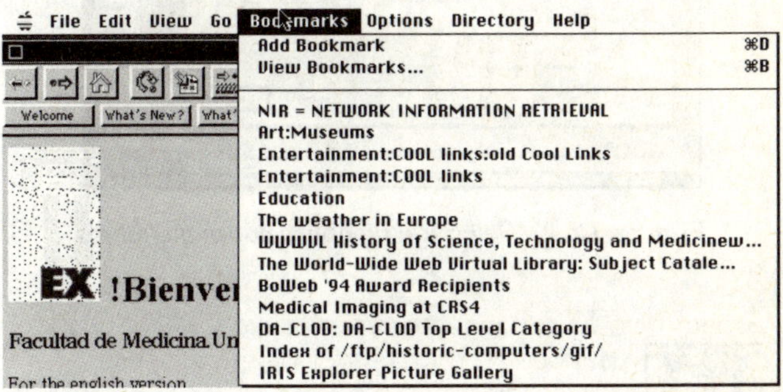

Figura 12.3. *Bookmarks de un cliente WWW*

Cualquiera de estos clientes, al abrir la aplicación, conectará con un documento HTML del servidor que tenga especificado en las preferencias. La página inicial (*home page*) por omisión es la del servidor del grupo que desarrolló el cliente.

A partir de ahí, basta con pulsar sobre las palabras o imágenes sensibles para recorrer cualquier parte del Web (o del gopherespacio, de FTP, etcétera).

Los clientes guardan en memoria los documentos que hojeamos, de manera que en cualquier momento podemos regresar sobre nuestros pasos para revisar algún documento ya visto, o tomar un camino diferente.

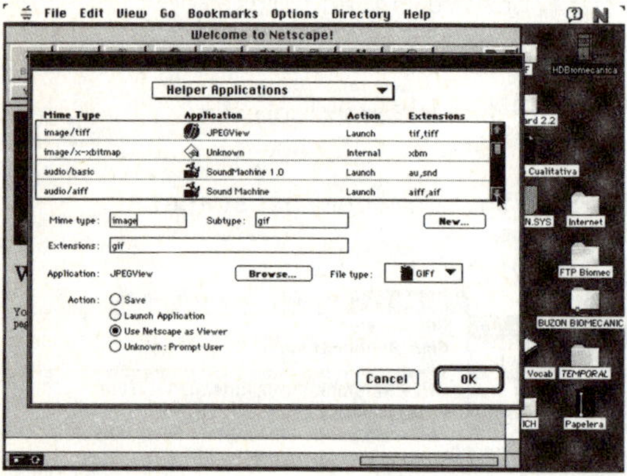

Figura 12.4. *Selección de aplicaciones auxiliares*

Consejo de Doc

Una descripción de herramientas de desarrollo para Mac, Windows y UNIX con ligaduras a los servidores de ftp puedes encontrarla en

URL:http://www.uwtc.washington.edu/Computing/WWW/Macintosh.html

URL:http://www.uwtc.washington.edu/Computing/WWW/DOSWindows.html

URL:http://www.uwtc.washington.edu/Computing/WWW/Unix.html

También podemos marcar cualquiera de los documentos e incluirlos en nuestra lista personal (*Hot-list*) para conectar con él en futuras sesiones.

Podemos configurar la presentación de los documentos a nuestro gusto (tipo, tamaño y estilo de las cabeceras, párrafos, listados, color de las palabras sensibles, etcétera).

También podemos elegir las aplicaciones auxiliares que el cliente lanzará para cada tipo de documento, y otra serie de preferencias (como servidores de SMTP y News).

Servidores HTTP

Si tenemos información que queremos hacer accesible a todo el mundo y disponemos de una conexión completa a Internet, nada más sencillo de realizar.

Un servidor HTTP funcionando como tarea de fondo sobre UNIX, Mac o Windows nos permite, por poco dinero, poner información al alcance de 30 millones de personas.

Consejo de Doc

Encontrarás información detallada sobre el protocolo HTTP, servidores para diferentes plataformas, etc. en *URL:http.//akebono.stanford edu/yahoo/Computers/World_Wide_Web/HTTP/.*

En la actualidad están surgiendo muchas empresas que ofrecen sus servicios al mundo entero de esta sencilla manera. Por cierto, nadie sabe si la empresa que está detrás de uno de estos servidores tiene miles de empleados en su nómina o simplemente es un chico con un ordenador en su casa. Esto abre nuevas expectativas a los empresarios innovadores.

Editores HTML

Obviamente los documentos que se van a servir deben ser documentos HTML. Para facilitar la edición de este tipo de documentos existen numerosos programas shareware.

Consejo de Doc

Los servidores HTML pueden intercambiar información con otras aplicaciones, de manera que puedes preparar *scripts* que manejen esa información y generen documentos de forma dinámica, para servir por HTTP. Un ejemplo típico son los gráficos de la estadística de documentos html servidos.

En el entorno Mac hay numeroso editores html. *HTML Editor* es uno de los que más facilita dicha tarea. Es WYSIWYG (**W**hat **Y**ou **S**ee **I**s **W**hat **Y**ou **G**et - el aspecto del documento es similar a como aparecerá en el cliente WWW), se encarga de colocar las marcas que permitirán ligar unos documentos html con otros, con imágenes, archivos, etc.; e incorpora los caracteres ISO-latin, es decir, que se encarga de la tediosa tarea de poner los símbolos establecidos en dicho estándar para que en la pantalla del cliente WWW aparezcan las ñ, ç, acentos, etcétera.

Para Windows hay también una gran cantidad de aplicaciones que permiten editar HTML (htmlasst.zip, htmledit.zip, htmed10.zip) o extensiones para procesadores de texto que incluyen ligaduras HTML.

Sugerencia de Marty

Hay una cierta tendendia a incorporar grandes imágenes a los documentos HTML para hacerlos así más atractivos. Aunque inicialmente llama la atención, lo cierto es que hacen perder una gran cantidad de tiempo y de recursos de la Red. Es aconsejable desactivar la carga de imágenes cuando se busca información (el texto se carga muy rápido) y activarla, si la necesitas, cuando has encontrado lo que buscabas.

En la agencia de viajes

13

Lugares para visitar

Doc y Marty han regresado del futuro y del pasado en numerosas ocasiones. Conversando sobre sus numerosas peripecias, piensan en la posibilidad de editar unos folletos turísticos que faciliten a otras personas la decisión de viajar en el tiempo.

¿Qué lugar de nuestro planeta podríamos recomendar para visitar a algún extraterrestre que nos preguntara?

La verdad es que para alguien que no conozca la tierra, aterrizar sobre cualquier lugar y comenzar a explorar por sí mismo sería algo apasionante. Sugerirle algunos lugares no es más que transmitirle algo de nuestros gustos o de nuestros deseos. Dos personas diferentes a las que hiciéramos la pregunta, probablemente nos responderían cosas completamente diferentes.

Sin embargo, para que no te pierdas al comienzo, te sugeriremos algunos lugares para visitar con algunas de las herramientas descritas, y poco a poco encontrarás por ti mismo cuáles son tus lugares favoritos.

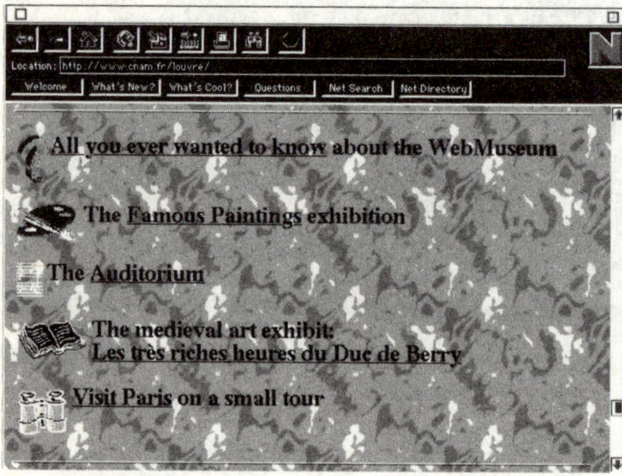

Figura 13.1. *WebMuseum del Louvre*

FTP

Para hacer FTP es aconsejable conectar con los mirror más cercanos de los principales "repositorios" o depósitos de programas para las diferentes plataformas. Si puedes en España, mejor que en Europa, y éstos mejor que en otros del mundo.

Para Macintosh los depósitos más importante son los de Info-Mac en SUMEX y los de Umich. Como en los servidores originales no conseguirás conectar ni siquiera en domingo por la mañana (sin duda la mejor hora) te indicamos los mirrors más próximos que tienen la misma información:

Info-Mac (Finlandia):
ftp.funet.fi:pub/mac/info-mac/
ftp.jyu .fi:info-mac/

Info-Mac (Francia):
ftp.ibp.fr:pub/mac/info-mac/

Info-Mac (Suiza):
nic.switch.ch:mirror/info-mac/

Info-Mac (UK):
src.doc.ic.ac.uk:packages/inf o-mac/

UMich (Suiza):
nic.switch.ch:mirror/umich -mac/

UMich (UK):
src.doc.ic.ac.uk:packages/mac-u mich/

En cualquiera de ellos encontrarás una relación detallada y actualizada de los mirror a los que puedes conectarte.

Para Windows y MS-DOS los depósitos más importantes son los siguientes:

SimTel(USA):
oak.oa kland.edu

Cica(USA):
ftp.cica.indiana.edu

Garbo(Finlandia):
garbo.uwasa.fi

Microsoft(USA):
ftp.microsoft.com

y los mirror más cercanos:

Finlandia:
ftp.funet.fi

Alemania:
```
ftp.uni-stutgart.de
ft p.uni-koeln.de
ftp.uni-regensburg.de
```
Reino Unido:
```
src.doc.ic.ac.uk
```

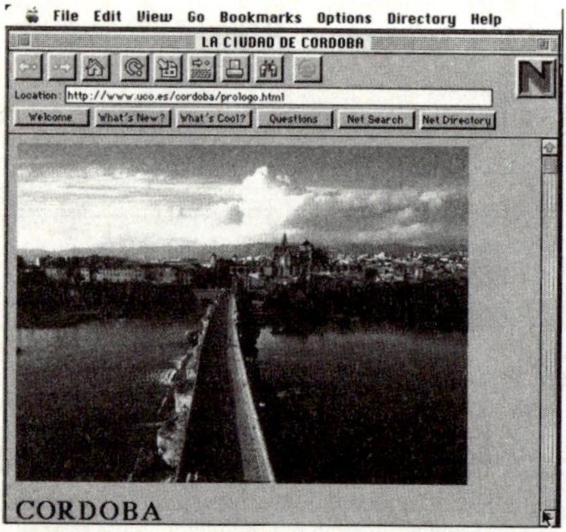

Figura 13.2. *Información sobre la ciudad de Córdoba*

Holanda:
```
info.nic.surfnet.nl
```
Suiza:
```
nic.switch.ch
```
Italia:
```
ftp.unipd.it
```

en los que bajo **/pub/mirror** encontrarás copias de las colecciones más importantes. Aunque en ocasiones los árboles de directorio se reestructuran y aparecen modificaciones en los nombres, las colecciones suelen encontrarse en subdirectorios de **/pub/mirror**: en **simtel**; **cica** o **win3** y **garbo** respectivamente.

Proyecto Gutemberg

Este proyecto, tiene como objetivo introducir los 10000 títulos más leídos de la literatura universal para el año 2000. Puedes encontrar información sobre el proyecto y los libros actualmente a disposición en :

ftp://mrcnext.cso.uiuc.edu/gutenberg

Figura 13.3. *Imagen del Meteosat*

WAIS

Para consultar en las bases de datos WAIS no podemos recomendarte ninguna en especial, ya que dependerá de los documentos que te interese encontrar. Lo mejor es que hagas una búsqueda de las fuentes que contienen información sobre el tema que te interesa y, a partir de las que encuentres, busques en una o dos de ellas los documentos que te interesan. Una vez hayas encontrado algunos documentos que se ajusten a lo que deseas, extiende la búsqueda a otras fuentes.

Gopher

En el caso de gopher, la estructura de directorios que posee y los enlaces con otros servidores nos facilitará bastante encontrar lo que puede interesarnos. No hay un gopher específico que podamos destacar, pues todos tienen referencias a todos y desde cualquiera podemos llegar a cualquiera. Para comenzar te recomendamos que explores los gopher españoles. Al menos los primeros documentos que leas estarán en "cristiano", y desde ahí puedes derivar a donde más te guste:

```
gopher://gopher.rediris.es
gopher://gopher.uji.es
```

En cualquiera de ellos encontrarás directorios para conectarte a otros gopher clasificados geográficamente o por temas.

Para preguntar en el gopherespacio español inténtalo en `gopher://gopher.uji.es:300 1`

Es aconsejable echar un vistazo a los directorios en los que aparece información sobre Internet; te ayudará bastante a perderte aún más en la voraginé de información que hay en Internet sobre Internet :-) (es una broma, si deseas realmente enterarte un poco de lo que es Internet debes mirar los documentos y guías que hay escritos sobre ella).

En el gopher de Minnesota (`gopher://boombox.micro.um n.edu/1/gopher`) encontrarás documentos, clientes y servidores de gopher.

WWW

La verdad es que casi todo en WWW es bastante espectacular. Pero quizás aquella información en la que la imagen, el sonido o el vídeo son imprescindibles es donde más se aprecia la potencia de este protocolo.

Las home-page de NCSA, Einet Galxy y Netscape contienen enlaces que te llevarán a los servidores que más te puedan interesar. Mira en ellos tanto *What's New* como *What's Cool*. Te proporcionará información sobre los últimos servidores incorporados y sobre los lugares más visitados.

Figura 13.4. *Servidor WEB de la Casa Blanca*

La home de Einet (**http://www.einet.net**) es la que mejor tiene organizada la información por temas, de manera que desde ella puedes encontrar los recursos (WWW, gopher, WAIS y FTP) de un tema concreto que te pueda interesar.

Al igual que en gopher, te sugerimos que comiences explorando la "telaraña" española. Primero, conecta con **http://www.rediris.es** o con **http://www.uji.es** y desde allí navega por donde te lleve tu intuición.

La universidad de Córdoba tiene una visita por la ciudad con imágenes muy bonitas (**http://www.uco.es/cordoba/prologo.html**).

Echa un vistazo a alguno de los museos. En el del Louvre (**http://www.cnam.fr/louvre/**) encontrarás, además de información sobre él, preciosas imágenes de los cuadros más importantes ¿alguna iniciativa similar para nuestro Museo del Prado?

Si quieres saber qué tiempo va a hacer, mira los mapas meteorológicos del Meteosat al poco de transmitirlos en:

`http://www.csc.fi/molbio/fun/wmap.html`

Si quieres saber más sobre Internet hay cientos de lugares para mirar:

`http://www.rpi.edu/Internet /Guides/ decemj/icmc/top.html`

o en

`http://WWW.eff.org:80/`

Para buscar documentos de todo tipo, intenta en

`http://www.cs.colorado.edu/ home/mcbryan/ WWWW.html`

o en

`http://www.einet.net`

Nos vemos en el futuro

14

El futuro de Internet

“Si tuviera una bola de cristal no me dedicaría a escribir libros o a trabajar en la Universidad, jugaría a las quinielas o a la bonoloto”. Bueno esto también es una broma aunque tuviera una bola de cristal me dedicaría a lo que me dedico (o al menos a buena parte de ello).

Es muy difícil poder predecir lo que ocurrirá en poco tiempo con Internet. Su evolución ha sido tan espectacular y su difusión en la sociedad tan explosiva...

Hay un hervidero de información en todo el mundo referente a Internet y las autopistas de la información, tanto en revistas, sean especializadas o no, como en periódicos, programas divulgativos, etcétera.

¿Obedece esto a intereses específicos?, ¿seguirá creciendo Internet como lo ha hecho hasta ahora, o será un sarampión que se pasará en breve?, ¿saturarán las nuevas herramientas el tráfico de los actuales "caminos vecinales" por los que discurre la información, o forzará la demanda la implantación de las verdaderas superautopistas de la información?, ¿servirá todo esto para potenciar un desarrollo personal, social y mundial más justo e igualitario o acrecentará aún más las desigualdades entre ricos y pobres?

Como ves tengo muchas más preguntas que respuestas, sin embargo me gustaría aventurarme en algunos aspectos y a eso dedicaré estas últimas páginas del libro.

En el aspecto técnico creo que la tendencia es a instalar medios de comunicación mucho más rápidos y fiables; los actuales están ya prácticamente colapsados. Cualquiera desde su hogar podrá, por poco dinero, tener su conexión directa a Internet, como actualmente tiene su linea telefónica. Aparecerán para ello cientos de empresas que ofrecerán este tipo de servicios.

En el terreno de las herramientas de navegación, evolucionarán las actuales y aparecerán otras nuevas que nos permitirán movernos por la información de una manera mucho más intuitiva y potente.

Quizás se desarrollen cascos estereoscópicos, similares a los que actualmente se utilizan en la realidad virtual, que con electrodos colocados en determinadas partes del cuerpo, nos permitirán realizar viajes alucinantes en mundos virtuales construidos ex-profeso para ello en cualquier lugar de la Red. El desarrollo de nuevas interfaces abrirá puertas desconocidas hasta ahora en la comunicación humana.

El desarrollo de nuevas herramientas de prospección, como los incipientes agentes de información, nos ayudará a encontrar lo que buscamos entre la inmensidad de la información que ya hoy tenemos, y que seguirá creciendo de manera explosiva.

En la actualidad han comenzado a desarrollarse programas denominados *Knowbots* (robots del conocimiento); *spider* (arañas que merodean por la telaraña cazando la información que nos interesa); *Crawlers* y otros artilugios similares. Éstos son los precursores de herramientas mucho más consistentes y poderosas que nos ayudarán a poner un poco de orden en la maraña de información, y nos permitirán mantenernos al día en los temas que más nos interesen.

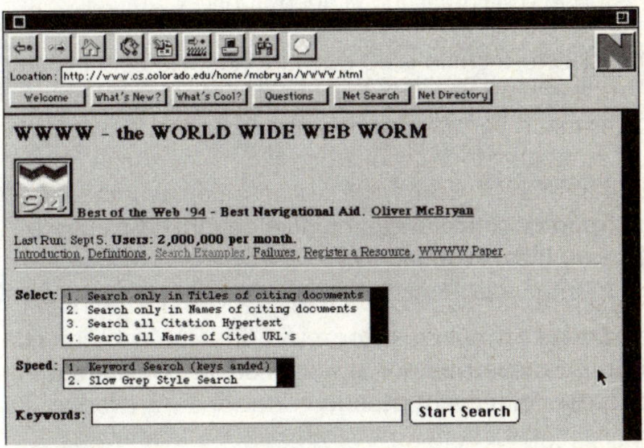

Figura 14.1. *World Wide Web Worm (WWWW)*

Pero los cambios más importantes creo que ocurrirán a nivelde las personas y sus relaciones. Cuando este nuevo medio se integre e impregne todos los niveles de la sociedad irá produciendo cambios al igual que ha ocurrido con la electricidad, los medios de transporte, la televisión, el teléfono o el propio ordenador personal; pero creo que más rápidos y con mayores repercusiones.

En general habrá diferentes tipos de usuarios de la Red; desde el forofo que estará pegado al terminal todo el tiempo que le permitan su mujer, o su cuenta bancaria (son el equivalente a los coleccionistas compulsivos de las ultimas versiones de los programas de ordenador) hasta el que no quiere saber nada de todo esto, pasando por los que lo usan en su trabajo o hacen un uso racional de los recursos que pone a su disposición la Red en su vida cotidiana.

El teletrabajo es ya una realidad para millones de personas en el mundo. El desarrollo de las autopistas de la información elevará esto hasta límites insospechados. Habrá muchas personas que trabajen para otros sin moverse de su casa, pero su oficina no estará al otro lado de la ciudad, sino en cualquier lugar del mundo.

La medicina sufrirá también cambios notables mejorando la calidad de la asistencia y la seguridad en el diagnóstico y el tratamiento. La Red permitirá el apoyo a los profesionales que realizan su trabajo en medios deprimidos o subdesarrollados.

La cooperación profesional a nivel mundial producirá frutos notables, estimulando y facilitando la formación permanente y continuada de todo tipo de profesionales.

Se abordarán proyectos (como el GENOMA) en los que podrán participar miles o millones de personas desde cualquier lugar del mundo, siendo conocidos sus avances casi de manera instantánea por todos los participantes.

La educación dispondrá de recursos repartidos por todo el mundo a disposición del que quiera utilizarlos. La teleeducación no será una excepción sino algo al alcance de todos y que cada vez se utilizará más. El apoyo en la educación de los pueblos en vías de desarrollo puede potenciarse de manera espectacular con este tipo de medios.

La desaparición de fronteras a la información cambiará la concepción de nuestras relaciones personales, de nuestra manera de vivir y de nuestra manera de pensar.

Estimulará a muchas personas a la comunicación y a la cooperación, mientras que quizás favorezca en otras el aislarse aún más del mundo que le rodea.

Las relaciones laborales también cambiarán, estableciéndose nuevas estructuras no basadas en la estricta jerarquía que existe actualmente.

Impulsará el comercio mundial, al conocer productos y servicios de cualquier lugar del mundo. Esto incrementará la utilización de los medios de transporte individuales, colectivos y de mercancías a larga distancia mientras que quizás reduzca los de cortas distancias.

Permitirá una participación más directa del ciudadano en el mundo de la política. Los sondeos podrán hacerse de una manera mucho más rápida y directa. Quizás podamos llegar a votar sin movernos desde casa. Por cierto, ya ha tenido un papel importante en la defensa de las libertades de los pueblos, como en el pasado golpe de estado en la Unión Soviética, en el que la Red tuvo un papel importante en la organización de la resistencia.

Pero por otro lado es innegable que estas tecnologías traerán también nuevos peligros; la sombra del "Big Brother" estado se proyecta sobre Internet intentando controlar a los ciudadanos (del mundo). Además, ya han comenzado a percibirse, incluso en la prensa, los peligros que las redes pueden propiciar en cuanto a la seguridad y a la privacidad de la información, que puede ser "fisgoneada", alterada o destruida por desaprensivos introducidos en ellas.

Tampoco se le oculta a nadie el peligro que encierra el enorme poder de comunicación (y malinformación) de estosmedios en manos del crimen organizado o de la delincuencia.

Probablemente aparecerán alteraciones patológicas del comportamiento humano como consecuencia de un uso irracional de estos recursos.

La cultura irá paulatinamente cambiando y haciéndose cada vez más homogénea (todo el mundo se parecerá más) y por otro lado cada vez más fragmentada (en cada lugar habrá más de otros lugares y culturas). Algunas culturas corren el peligro de desaparecer aplastadas por otras más poderosas.

En definitiva, parece que nos encontramos en el umbral de lo que algunos autores han denominado la cuarta revolución de la comunicación humana. Tras la primera, que fue la comunicación hablada, la segunda la escritura, la tercera la prensa, nos llega esta última: la comunicación mediada por el ordenador y las redes.

El mundo del mañana será cada vez más una "aldea global" como preconizaba MacLuhan o mejor un único organismo vivo Gaia según la teoría de Lovelock y Lawrence; pero en él, el papel de las redes es el de las conexiones neuronales de las células del cerebro.

Las grandes autopistas de la información permitirán la construcción de un neuromundo en el que los flujos de información a través de ellas constituirán el "pensamiento de la humanidad". Que ese "pensamiento" contribuya a la paz, la justicia y la felicidad del género humano y del resto de los habitantes que comparten nuestro habitat, o que sea una neurosis y un caos colectivo, depende de lo que todos y cada uno de nosotros, a nivel individual o colectivo, pueda, sepa y quiera aportar.

Por eso querido amigo, nos gustaría que nos comunicaras lo que opinas sobre lo que nos depara este nuevo medio y que tú fueras uno de los que participara en la construcción de ese futuro que está ya aquí.

Y ... como diría Doc ¡¡Nos vemos en el futuro!!... en la Red.

Índice alfabético